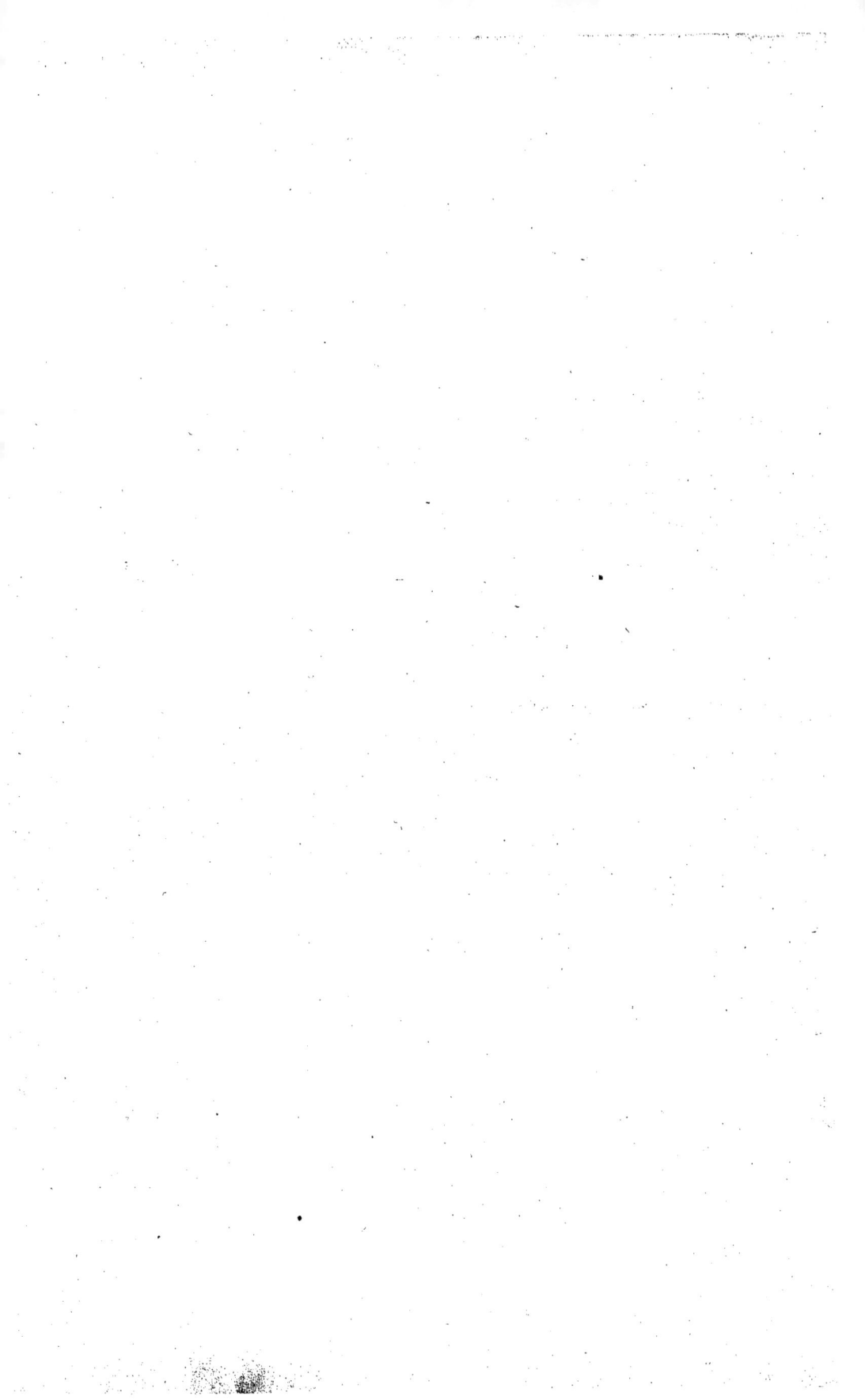

CLAVERIE, 7, rue du Croissant, PARIS.

LA
FEMME COUPÉE
EN MORCEAUX

PAR

LOUIS NOIR

et

JULES BEAUJOINT

10 c. le Numéro. — Livraisons illustrées. — 50 c. la Série.

Une série tous les quinze jours.

A MESSIEURS LES CORRESPONDANTS

DES MESSAGERIES DE LA PRESSE

J'ai l'honneur de vous adresser la première livraison
d'une nouvelle publication ayant pour titre :

LA

FEMME COUPÉE

EN

MORCEAUX

PAR

LOUIS NOIR ET JULES BEAUJOINT

Il paraît deux livraisons par semaine, une le Lundi et une le Jeudi.

Chaque livraison vous est laissée à **7** centimes **1/2** pour être vendue **10** centimes
au public, et la série de **5** livraisons à **37** cent. **1/2** pour être vendue **50** centimes.

UNE SÉRIE DE 5 LIVRAISONS PARAITRA TOUS LES 15 JOURS.

Nous recommandons tout particulièrement à votre obligeance de pousser cet
ouvrage qui obtient le plus **Grand Succès.**

Ci-joint quelques Prospectus de l'ouvrage.

Veuillez m'adresser vos demandes dans le plus bref délai, et agréer mes civilités
empressées.

L'ADMINISTRATEUR,

Clichy. — Impr. Paul DUPONT, rue du Bac-d'Asnières, 12. (15, 1-7.)

LA
FEMME COUPÉE
EN MORCEAUX

PAR

LOUIS NOIR

et

JULES BEAUJOINT

PARIS

CLAVERIE, 7, rue du Croissant.

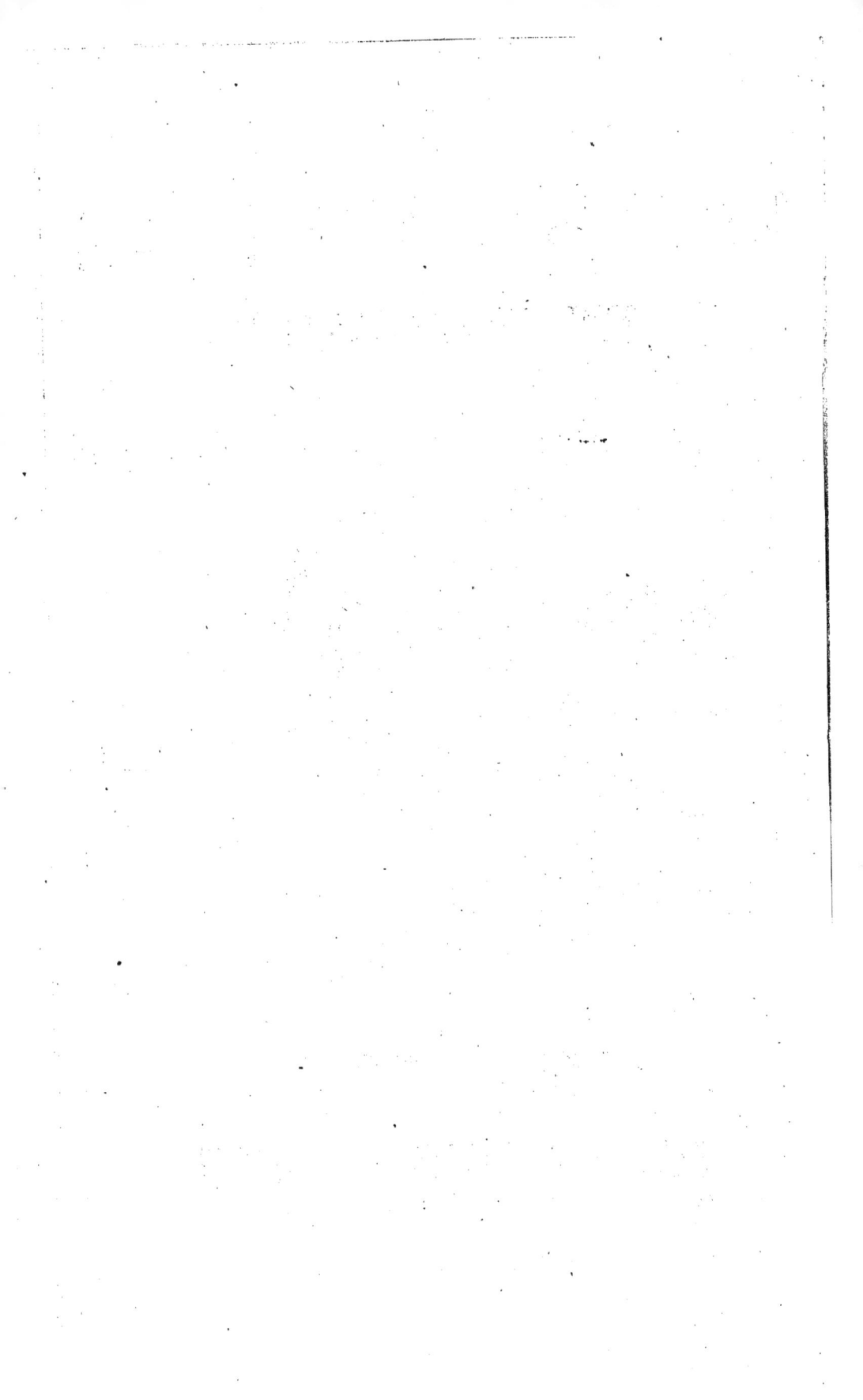

LA
FEMME COUPÉE
EN MORCEAUX

PROLOGUE

Il est deux heures du matin.

La nuit est sombre ; le ciel est chargé de nuages épais et bas que roule une tempête soufflant d'ouest ; de temps à autre, un large coup d'aile du vent déchire les nuées ; la lune éclaire alors par échappées les flots clapotants de la Seine qui s'engouffrent entre la rive de Saint-Ouen et les noirs îlots émergeant des eaux fangeuses ; les senteurs du grand égout remplissent l'air de miasmes fétides qui montent du fond par puissantes bouffées de gaz, crèvent la surface de leurs bouillonnements prolongés et sont balayés dans l'espace par la tourmente.

Ce paysage isolé est désert.

L'on n'entend que les plaintes des vagues, les gémissements des arbres tordus par la rafale et les grincements des chaînes de fer amarrant les bateaux.

Dans l'ombre, cependant, se dessine vaguement une forme humaine, courbée sous un volumineux fardeau ; la silhouette, d'abord indécise dans les brumes, s'estompe en noir sur le fond brun de l'horizon ; les pas fatigués, mais hâtifs, battent le sol humide ; la respiration haletante de ce rôdeur nocturne siffle comme un râle ; au poids sous lequel il geint, s'ajoutent les poignantes inquiétudes qui talonnent les malfaiteurs.

Ce misérable éprouve les affres de la peur.

Il s'arrête sur le bord et se redresse, interrogeant le fleuve du regard. Il lui faut les eaux profondes pour ensevelir les preuves d'un assassinat ; deux pieds humains sortant du paquet ne laissent aucun doute sur un meurtre et sur une mutilation, car il ne peut y avoir là qu'une moitié de cadavre.

En ce moment la lune filtre par une trouée ses blanches clartés sur cette figure bouleversée par l'angoisse ; le misérable frémit sous l'éclat fugitif de cette lumière vengeresse qui passe et s'éteint ; mais il a pu voir que, sous lui, la berge, minée par un tournant, surplombe un tourbillon ; d'un geste violent et d'une ampleur tragique, il lance son fardeau dans la Seine et il fuit éperdu. . . . .

. . . .

En ce moment un autre homme venait, à cinquante pas de là, d'atteindre le bord en rampant ; il entendit le bruit de la chute prolongé par les remous qui traçaient sur l'eau leurs cercles mobiles !

Était-ce un témoin ?

Était-ce un complice ?

PREMIÈRE PARTIE

LE CRIME

CHAPITRE PREMIER

Préliminaires du crime.

Un soir d'automne, vers dix heures, la personne qui eut pu voir ce qui se passait au troisième étage d'une maison de Montmartre, eut assisté à la scène suivante.

Dans un logement dont le mobilier délabré offrait au regard un désordre plus malpropre que pittoresque, une femme en jupon, en corset, les cheveux dénoués, une lampe à la main, courait, comme affolée, d'une pièce à l'autre et de la commode au secrétaire, ouvrant tous les tiroirs, fouillant partout avec des mouvements de dépit et de curiosité ardente.

C'était une femme de trente-cinq ans environ, bien faite, mais sans élégance, jolie, mais d'une beauté sensuelle et commune.

Les jeux rapides de la lumière sur ses bras, sa gorge demi-nue, ses épaules où par flots couraient ses cheveux noirs ; la turbulence de ses mouvements qui faisaient craquer son corset, saillir ses hanches ; la passion qui flambait dans ses yeux et jusque dans le vermillon de ses lèvres, prêtaient en ce moment à cette créature un relief, un attrait singuliers.

Que cherchait-elle ?

Après avoir déposé successivement sur une table trois ou quatre lettres, un médaillon, un porte-monnaie aux flancs maigres, des clefs et quelques reconnaissances du Mont-de-Piété, elle reporta la lampe sur la cheminée, se jeta dans un vieux fauteuil et se prenant la tête à deux mains, murmura :

— Quelle canaille !

Elle demeura un instant absorbée dans les réflexions les plus sombres, puis un frisson l'arracha à son immobilité. Le froid lui rappela qu'elle était demi-nue. Elle passa un peignoir de laine et mit un peu d'ordre dans la profusion de ses beaux cheveux noirs.

·Alors, devant la glace, son regard rencontra un portrait qui parut ranimer toute sa fureur.

Elle le saisit, prête à le jeter à terre, murmura encore quelques paroles parmi lesquelles celles de lâche, traître, coquin n'étaient pas les plus violentes... Et lorsque sa colère se fut soulagée en invectives, elle le considéra avec attention.

Cette photographie représentait un homme d'une quarantaine d'années, prétentieux et endimanché, dans lequel probablement la jolie brune voyait l'auteur de tous ses maux.

Elle tenait encore le portrait lorsque l'original de celui-ci entra.

— Tiens! fit-il avec humeur, que fais-tu donc là, Maria?

— Je regarde cette figure en me disant :

« Voilà donc la figure d'un menteur, d'un coquin et d'un lâche...

— Oh! oh! ce soir est à l'orage, à ce qu'il paraît.

— Tout à fait, et il est temps que l'orage éclate.

— Eh bien, ma belle enfant, tempêtez, criez tout à votre aise ; quant à moi, je n'ai aucun goût pour ces sortes de passe-temps ; je vous laisse...

Puis, se ravisant :

— Mais j'étais venu pour prendre quelque chose... Le porte-monnaie?..

— C'est tout ce qu'il vous faut, n'est-ce pas?

— Mon Dieu, oui.

Il chercha dans les vases de la cheminée.

— Elle ne vous donne donc pas d'argent, elle?

— Qui?

— Cette fille chez qui vous allez chaque soir, tenez cette fille-là!.. cria Maria, en lui tendant le médaillon.

— Ah! s'écria l'autre avec une surprise qui devait bientôt se changer en fureur, à la vue des lettres et des reconnaissances.

« Qu'est-ce que cela veut dire? Comment tout cela est-il sur cette table? Vous fouillez donc dans mes papiers à cette heure? »

Et comme il s'apprêtait à s'emparer de ces divers objets, Maria saisit vivement les reconnaissances d'une main et de l'autre repoussa les lettres :

— Voici les miens et voici les vôtres, dit-elle, gardez les lettres de cette fille, si vous le voulez ; faites-en des reliques, mais vous savez, — monsieur Alfred Bernard, — ces papiers-là ce sont mes bijoux, mon linge, mes vêtements, engagés pour satisfaire vos vices, et vous ne me les volerez pas.

— Que dis-tu, malheureuse? fit Bernard, dont l'œil troublé attacha sur sa maîtresse un regard mauvais.

— Je dis que vous m'avez assez volée.

— Ne répète pas le mot, gronda Alfred en s'avançant sur elle le bras levé.

Elle se croisa les bras d'un air de défi méprisant :

— A bas les pattes ! dit-elle.

— Prends garde !

— A bas les nageoires !

De rouge qu'il était, Alfred Bernard devint blême.

— Tiens ! voilà !... attrape !

Et la querelle se changea en rixe violente..

— La femme poussa un cri de douleur et de rage et bondit à la riposte.

Il l'évita d'abord ; peut-être lui répugnait-il d'abuser de sa force. Mais elle revint à la charge.

La peur des ongles, de ces affreuses égratignures plus ridicules encore que douloureuses, acheva de l'exaspérer, et comme elle s'élançait sur lui, d'un revers de main il la rejeta en arrière.

Étourdie par la violence du coup, suffoquée, elle demeura un instant immobile.

— Maintenant, dit Alfred, vas-tu me f...icher la paix. Aussi bien je suis las d'une vie pareille, j'entends être libre. En définitive, je suis chez moi, et si tu n'es pas contente, tu sais, tu peux prendre la porte.

— Ah ! oui, fit la malheureuse avec un sourire amer, maintenant que je n'ai plus rien, que tu as tout mangé, tu me montres la porte. Eh bien ! je m'en vais, mais auparavant, rends-moi les actions que je t'ai confiées. Où sont-elles, ces actions ? Où sont-elles ? Je les ai assez cherchées. Engagées, vendues, n'est-ce-pas ? C'était tout mon bien. Le prix d'un travail de dix ans.

— Ta ta ta ! fit Alfred au mot de travail.

— Oui, monsieur. Je ne vis aux dépens de personne, moi.

— Tu me coûtes assez cher, misérable, repartit Bernard. A pleurer ton argent partout, avec tes commérages, tu me coupes le crédit, tu me déconsidères et tu m'empêches d'arriver à rien. Je me suis sacrifié pour toi. Mais il est temps que cela finisse...

— Rends-moi mes actions, répéta Maria, mon paquet est tout fait, il n'est pas lourd et je suis prête à partir. Mais mes actions...

— Est-ce que je sais où elles sont, moi !

— Ah ! vous ne le savez pas ! eh bien, c'est bon. Je porterai plainte. Le procureur de la République saura bien les retrouver, lui.

L'effet produit par cette menace fut terrible.

— Ne fais pas cela, gronda Alfred entre ses dents serrées.

— Et pourquoi non ?

— N'achève pas de me perdre, ou...

— Que feras-tu ?

— Je te tuerai ! répondit Alfred d'une voix à la fois assourdie et pénétrante.

Et son visage prit une expression telle que sa maîtresse frémit de terreur.

La pauvre femme n'eut plus ni le courage, ni la force de répliquer.

Elle baissa les yeux, balbutia, se leva, fit un détour pour éviter Bernard et prendre dans un coin un paquet déjà préparé :

— Je m'en vais, dit-elle, je m'en vais.

Elle gagna la porte et sortit.

Il la suivit d'un regard indéfinissable.

Il y avait dans ce regard du regret et de la douleur : le regret d'avoir bravé une menace qui pouvait le perdre et un sentiment de pitié pour cette femme qui s'en allait sans ressources et désespérée.

CHAPITRE II

Un ami

Maria, en effet, s'en allait tout droit devant elle sans savoir où.

Il était tard. L'air était humide et froid, le ciel noir, les rues de Montmartre presque désertes. Brisée d'émotions, elle descendait d'un pas mal assuré la pente glissante et raide de la Chaussée des Martyrs quand tout à coup, près de la Boule-Noire, un individu qui la suivait depuis un instant se décida à l'aborder.

— C'est vous, madame Bernard ! où allez-vous donc comme ça ? dit-il, en lui frappant doucement sur l'épaule.

— Je ne suis plus madame Bernard, répondit la jeune femme.

— Bah ! Et depuis quand ?

— Depuis ce soir.

— Allons donc ! Ce n'est pas sérieux. Querelle d'amants. Que vous a donc fait Alfred ?

— Votre ami, monsieur Blavier, s'est conduit avec moi d'une façon indigne.

— Mais enfin...

— Il m'a frappée.

— Oh !

— Il a menacé de me tuer.

— Oh ! Est-ce possible ! Donnez-moi donc le bras, vous me raconterez

Il lance son fardeau dans la Seine (Page 4).

tout cela. Vous savez, moi, je suis toujours du côté des femmes, du côté du plus faible.

Maria accepta le bras qui lui était offert par ce protecteur dont la physionomie s'accordait assez mal avec ses prétentions chevaleresques.

L'ami d'Alfred était un petit homme trapu à la figure chafouine, tachée de son et éclairée d'un œil roux, étrange, magnétique comme celui du crapaud.

Singulier homme du reste, dont les transformations eussent surpris ceux qui l'auraient observé. Il devait s'occuper à des besognes louches, car il changeait souvent de costumes ; mais il avait soin de se présenter devant Alfred Bernard toujours vêtu de la même façon.

Ces deux hommes se connaissaient depuis quelques mois seulement, mais un goût commun pour les comptoirs d'étain et les bals de barrière avait solidement scellé leur amitié.

Blavier semblait jouer un rôle vis-à-vis de Bernard ; ce dernier aimait à se donner des airs de monsieur ; Blavier affectant des allures communes mettait à gober les poses et les vanteries de son ami une condescendance affectée ; mais au fond il gardait sur lui la supériorité que donnent sur un esprit faible, l'énergie et la ruse.

Maria descendit avec lui sur le boulevard Pigalle et lui conta ses peines.

— Voyez-vous, monsieur Blavier, j'étais novice, j'étais naïve. Alfred me parlait, comme toujours, de ses belles relations, du général qui lui promettait une place d'intendant de ses propriétés, des lettres qu'il écrivait à M. Robert Wallace et à M. de Rothschild, de mariage, enfin... Il est bel homme, il représente, on ne peut pas lui ôter cela... Je me suis laissée prendre. J'avais quelques billets de mille francs d'économies ; je les lui confiai... Tant que l'argent a duré, j'ai été bien heureuse ; mais quand il a fallu vivre de crédit et d'espérance, la vie est devenue un enfer. Aujourd'hui je n'ai plus le sou, il me flanque à la porte... mais ça ne se passera pas comme ça ! Il y a une justice. Il faut que les actions qu'il m'a volées se retrouvent.

— Je vous y aiderai, dit Blavier. Mais il ne faut pas vous désespérer ; vous êtes un beau brin de femme ; il y a toujours de la ressource.

— Oh ! ce n'est pas pour dire, mais si j'avais voulu, allez !...

— Eh bien, maintenant, vous voilà libre.

— Ah ! Dieu m'en préserve... Je suis dégoûtée des hommes.

— Pour le moment, cela se conçoit. Moi, j'ai bien été dégoûté pendant un an de l'absinthe... mais il est des maux nécessaires. En attendant, avisons au plus pressé. Connaissez-vous quelqu'un qui puisse vous aider ?

Maria, à cette question, parut réfléchir, puis secoua lentement la tête.

— J'avais des amis, jadis... dit-elle ; maintenant je ne me connais que des ennemis.

— Cherchez bien.

— Inutile.

— Une jolie femme laisse toujours derrière elle quelque soupirant honteux dont elle ne se soucie pas, mais qui la guette, la suit à distance et n'attend qu'un signe d'elle pour accourir et se dévouer.

Elle sourit comme à des souvenirs lointains, puis une seconde fois secoua la tête négativement.

— Il y a si longtemps ! fit-elle. Non, je suis bien oubliée... oubliée de tous...

— Soit, n'en parlons plus, repartit Blavier ; mais voyons, que comptez-vous faire ?

« Ce soir, d'abord, où allez-vous ?

— Je ne sais, répondit la malheureuse avec accablement.

— Vous n'êtes pas sans argent ?

Elle garda le silence.

— En voulez-vous ?... Sans façon ?

— Non, fit-elle avec vivacité. Merci. J'en ai pour quelques jours. Je vais chercher un garni pour cette nuit...

— Et après ?

Elle répéta le mot éternel des désespérés :

— Je ne sais...

— Eh bien, je sais, moi ! dit Blavier avec chaleur. La chance veut justement qu'un de mes vieux camarades m'ait chargé de louer une petite maison que des affaires de famille, en province, l'obligent à abandonner pendant plus de six mois. Il m'a remis les clefs, et l'a laissée là avec les meubles, la batterie de cuisine, tout le bataclan. Je vais vous y installer. Vous la louerez si vous le voulez ; autant vous qu'un autre. Il y a un petit jardin ; une baraque pour ranger son bois ou élever des poules...

— Où cela ?

— Ce n'est pas cher, et d'ailleurs ce n'est que pour six mois...

— Où donc cela ? fit Maria avec impatience.

— Dame ! ce n'est pas dans un endroit très-passager et c'est assez loin d'ici. Mais trois belles petites pièces au rez-de-chaussée, deux grandes chambres au-dessus, un jardin et tout ce qu'il faut. Ça vous irait-il ?

— Je serais bien difficile.

— Il vous est égal que ce soit un peu loin. D'ailleurs vous avez l'omnibus.

— Parfaitement. Mais où est-ce ?

— A Clichy. C'est presque la campagne. On voit la Seine... puis on a le bon air. Connaissez-vous cet endroit-là ?

— Non, répondit Maria songeuse. Il faudra m'y conduire.

— Je vous y conduirai, répondit le généreux Blavier en serrant contre sa poitrine le bras de sa protégée. Tenez, nous voici rue Lepic. Il y a là un hôtel où vous serez très-bien. Demain je viendrai vous y prendre avec une voiture et je vous conduirai à Clichy.

Sur cette promesse, il prit congé de la jeune femme et s'éloigna dans la direction de la gare du Nord.

Où allait-il ?

Rejoindre son ami Bernard dans un petit café que celui-ci, depuis longtemps, fréquentait avec sa maîtresse.

CHAPITRE III

Le café Henri.

En se rendant au café, Blavier manquait à l'une des règles de conduite qu'il s'imposait et savait observer.

Il n'avait pas de café attitré et évitait les endroits où il pouvait être remarqué.

Aller s'attabler au café du Delta, par exemple, ne l'eût pas gêné, parce qu'il y eut disparu dans la foule ; mais dans le caboulot où il se résignait à paraître, les consommateurs peu nombreux étaient des habitués qui se connaissaient tous et regardaient de travers les étrangers, les passants, comme des gêneurs.

Il craignait de faire sensation.

Ce soir-là, il était lourdement vêtu. Il était le gros Blavier, sous trois enveloppes : un paletot, une blouse, un pardessus. Un chapeau de feutre à larges bords ne laissait voir de son visage qu'une longue touffe de poils roux.

Il colla son front à la vitre du caboulot et, entre deux rideaux, chercha à distinguer la table où Alfred se tenait d'habitude. Il l'aperçut dans un nuage formé par sa belle pipe d'écume, en face d'un plateau où une petite tasse à café avait pour auxiliaire un large carafon d'eau-de-vie.

Tout en sirotant cet alcool qui lui faisait le teint pâle et la lèvre purpurine et qu'il préférait à tout, Alfred paraissait suivre avec un intérêt extrême la partie de cartes de ses voisins.

— L'idiot, murmura Blavier.

Et il entra.

Tous les habitués, — mouvement prévu, — tournèrent la tête vers la porte ; et, se détachant aussitôt du comptoir, le garçon se jeta sur le passage de l'étranger.

Le gros Blavier n'y prit garde et fut tout droit à son ami.

— Tiens ! Quel miracle ?... que veux-tu prendre ?

— Un petit verre, je suis pressé.

Puis plus bas :

— J'ai un mot à te dire.

Il prit son verre et se plaça à une table inoccupée. Alfred le suivit.

— Qu'y a-t-il ? lui demanda-t-il à voix basse.

— Tu en fais des belles, mâchonna Blavier dans sa barbe.

— Bah ! Saurais-tu déjà ?..

— Oui, je viens de *la* rencontrer sur le boulevard Pigalle.

— Eh bien ?

— Elle m'a tout raconté.

— Naturellement. Après ?

— Après ? Ce qui arrivera ?... C'est ce que tu sauras bientôt. Elle est comme une furie. Elle prétend que tu as... égaré ses actions et menace de porter plainte...

— Oui, je sais... répondit Alfred d'un air embarrassé. Mais puisque nous vivions ensemble, elle a profité de cet argent comme moi.

— Tu n'as pas à te justifier vis-à-vis de moi, mais j'ai voulu t'avertir, dans ton intérêt. Qu'as-tu fait de ces chiffons de papier ?

— Ils sont en gage chez un créancier.

— Il faut les retirer.

— Impossible.

— Eh bien, il t'arrivera des désagréments. Je ne te dis que cela.

Le visage d'Alfred se contracta péniblement ; il fit appel à son carafon à moitié vide.

— Cette fille-là, dit-il, avec sa langue, me perdra.

— Voilà ses paroles, dit Blavier : « Maintenant je ne tiens plus à la vie, je veux mourir ; mais avant de me périr, je me vengerai, je porterai plainte.

— Viens dehors, pour causer, fit Bernard, qui tremblait que semblables révélations fussent entendues.

— Non, non, inutile ; c'est tout ce que j'avais à te dire. Sois sur tes gardes.

— Mais que faire ? Et où la retrouver ?

— Je te le dirai demain soir chez toi.

— Tu le sais ! Alors, dis-le-moi de suite.

— Non, je lui ai promis le secret, mais demain nous nous reverrons.

Blavier se leva en ajoutant à voix basse :

— Mon vieux, prends garde, c'est plus grave que tu ne le crois.

Alfred, qui savait Blavier un homme sérieux, parut profondément impressionné par cet avis menaçant.

— A demain donc, lui répondit-il en lui serrant la main.

Blavier s'éloigna ; il avait un éclair de triomphe dans les yeux.

Du café Henri, il se rendit dans un des logements garnis qu'il louait dans le quartier, et, un quart d'heure après, reparut sur le trottoir, sous un nouveau costume.

Cette fois il était coiffé d'une casquette de soie et portait un veston brun pour tout vêtement. A la main, il tenait un sac de voyage.

Il semblait diminué de moitié, et les habitués du café Henri ne l'auraient pas reconnu.

Il prit une voiture de place et dit au cocher :

— Boulevard Haussmann, n° 10.

Lui aussi, à ce qu'il paraît, avait de belles relations!...

CHAPITRE IV

La maison de Clichy.

La nuit, dans l'hôtel, avait été longue et cruelle pour l'abandonnée.

« Quand on est belle femme, avait dit Blavier en mentant, car Maria n'était pas réellement jolie, on a toujours des ressources. »

Ce n'est pas absolument vrai. Il est certaines situations où, pour une femme, il ne reste même pas la ressource empoisonnée du vice, où le suicide semble le seul refuge possible.

Maria était dans une de ces situations-là. Affolée par le chagrin, sans toilette et sans argent, elle n'avait plus ni l'espoir, ni le désir d'une destinée meilleure. Elle ne voyait plus devant elle, demeurait découragée, éperdue, les yeux tournés vers le passé.

Elle avait vu dans son amant, elle avait aimé en lui un cœur loyal et dévoué, un ami, un futur mari ; puis le soupçon était venu, le supplice de la jalousie, enfin le doute lui-même était devenu impossible : Cet homme était un paresseux et un fourbe, il ne l'aimait pas, il ne l'avait jamais aimée ; il ne l'avait prise que pour son argent!...

Et pour lui, cependant, que n'avait-elle pas souffert?... La misère, ce mot qui résume tant de douleurs, des privations et des humiliations que jusqu'alors elle n'avait pas connues.

La proposition de Blavier, cette existence retirée qu'il lui faisait entrevoir dans une maisonnette au bout de la banlieue, au bord des champs, lui sourit tout d'abord. Il lui sembla qu'elle serait bien là pour pleurer son saoul et reprendre à la vie, si c'était possible ; dès que le jour succéda aux heures noires de l'insomnie, elle fut debout.

De son côté, Blavier fut exact et ne se fit pas attendre.

Il arriva avec la première voiture qui sortait des écuries voisines, après avoir fait chez les rôtisseurs, charcutiers et marchands de vins de la rue Lepic, les provisions indispensables à la pendaison de la crémaillère.

Comme Maria l'en remerciait :

— Je suis un homme pratique, lui répondit-il. L'endroit où nous allons n'est pas très-commerçant ; il faut le temps de manger un morceau avant de se reconnaître.

Durant le trajet, qui est assez long, il ne l'entretint que des charmes de la vie champêtre. La satisfaction de chaque jour trouvée dans la fécondité des lapins et des poules. Les douces surprises des semailles printanières, du persil qui darde de terre ses brins verts au-dessus des jeunes laitues. Du plaisir des ménagères à laver leur linge en plein air, en pleine eau, sans frais, à la rivière, et de le tendre dans leur jardin..., etc.

Mais pas un mot qui fît allusion à son veuvage, et pas le plus petit doigt de cour...

La pauvre fille admirait tant de délicatesse.

La maison de Clichy lui réservait d'autres surprises non moins agréables.

Elle était fort isolée, c'est vrai, car autour d'elle, jusqu'à la Seine, on ne voyait que des champs ou des terrains vagues, utilisés par des blanchisseuses pour y sécher leur linge ; mais elle était d'un aspect honnête et assez riant.

Elle était du reste à deux ou trois pas de la route, — ou de la rue, si l'on veut.

Le cocher, à qui il eût été impossible de donner l'adresse de cette habitation, avait été congédié à dix minutes de là, de sorte que Blavier et sa protégée, leurs paquets à la main, y arrivèrent à pied.

En entrant dans la maison, Maria la trouva meublée. Le lit était complet, à peine défait ; les ustensiles de cuisine, la vaisselle en désordre semblaient attendre le retour de la ménagère.

On avait même abandonné quelques provisions de pommes de terre, du charbon et du bois dont la sciure était restée en tas dans un coin de la cuisine.

La salle à manger, — qui était probablement la salle de réception, — avait un meuble campagnard ; de grosses chaises de paille, un buffet de hêtre et une table de même bois aussi solide qu'un établi, dont elle avait la forme.

Le tiroir de cette table, entr'ouvert, laissait voir des couverts de fer étamés, des couteaux communs et un large couteau de cuisine.

Enfin, — car cette maison mérite ici une description aussi complète que possible, — les rideaux étaient encore aux fenêtres.

— Madame Maria, dit Blavier, vous voilà chez vous. Qu'en dites-vous ?

— C'est charmant, monsieur Blavier, j'en suis vraiment ravie.

— Vous le voyez, je ne vous avais rien exagéré.

« C'est très-habitable, et bien préférable à un garni de Montmartre. Vous êtes chez vous et personne ne vous demandera d'argent.

— S'il est possible que je sois encore heureuse, monsieur, c'est à vous que je le devrai.

— Maintenant, déjeunons ; j'ai un appétit de loup.

La jeune femme mit le couvert.

Les victuailles et le vin étaient en abondance.

Blavier n'avait rien oublié.

— Ma foi, dit-il en entamant le dessert, il en restera assez pour que vous n'ayez pas besoin de sortir aujourd'hui.

— Oh ! se récria Maria, j'aurai assez à faire à la maison pour m'occuper toute la journée. Demain, j'irai voir le pays.

— Demain, appuya Blavier, — il ne faut pas se presser et il vaut mieux tout voir à son aise.

« Maintenant, je vais retourner à Paris ; nous ne nous reverrons pas avant quelques jours, mais je vous le demande encore une fois : En entrant dans cet ermitage ne laissez-vous derrière vous qu'Alfred Bérnard ?...

Et appuyant sur les mots lentement, avec une intention marquée :

— Ne laissez-vous à Paris personne qui puisse soit par amour, soit par camaraderie, soit pour une raison quelconque, s'intéresser à vous, vous regretter, vous chercher pour vous venir en aide ? Parlez, je suis prêt à me charger près de cette personne, ou d'une lettre, ou d'une commission verbale ?

— Je ne connais personne, répondit Maria.

— Vous n'avez pas une amie, une camarade ?

— Non.

— C'est extraordinaire.

— Je ne vivais que pour *lui* et depuis plusieurs années j'ai vécu complétement isolée.

— Vous avez des parents ?

— J'ai mon père, pauvre vieux, à plus de deux cents lieues d'ici, qui ignore ce que je suis devenue.

— Vous avez une sœur ?

— Je ne l'ai pas vue depuis une éternité et je ne sais ce qu'elle fait.

— Et des cousins ?

— J'en ai, je ne les connais pas ; je suis trop pauvre pour qu'ils se soucient de moi.

— N'en parlons plus, conclut Blavier. Mais consolez-vous, ajouta-t-il, avec du courage vous arriverez bien à vous tirer d'affaire.

« Allons ! je vous quitte, ma chère enfant, et sans adieu.

Il lui serra la main.

— Au revoir et merci ! dit-elle d'une voix tremblante d'émotion, merci mille fois !

— Ne me remerciez pas tant, allez, ça n'en vaut pas la peine.

Il s'éloigna d'un pas rapide et Maria se retrouva seule avec ses pensées.

La rixe aux *Vidanges de Bourgogne.*

Elle s'assit un instant, ses yeux se mouillèrent, mais elle les essuya promptement, se reprochant son manque de courage.

Elle chantonna, sa voix s'enroua et la chambre eut comme un écho moqueur.

— Je suis chez moi et ne me sens pas chez moi, c'est drôle ! murmura-t-elle.

Elle rangea ce qui était resté sur la table et remarqua alors seulement un grand litre de cognac auquel Blavier n'avait pas touché.

— Du cognac ! tout un litre ! quelle folie !

« Il y en avait toujours chez nous, mais je n'en buvais pas souvent, moi.

Elle déposa le litre sur le buffet, avec les verres.

3   3

Presque toute la journée se passa pour elle à nettoyer et mettre en ordre ce qui l'entourait.

Etant montée au premier, elle regarda la campagne : une plaine assez laide, d'aspect maussade, surtout à l'arrière-saison.

A sa droite, Clichy avec ses maisons basses et ses fabriques ; sur la gauche, à trois ou quatre cents mètres, une usine, puis la Seine... mais personne... personne...

Dans cette solitude, pendant cette journée de retraite et de silence absolu, elle dut bien des fois penser à celui qui l'avait trompée.

Elle se demanda sans doute ce qu'il devenait.

Nous pouvons vous le dire.

Bernard passa la journée avec ses deux amis les plus perfides : — le flacon de cognac et Blavier.

Au premier, il demandait des consolations ; au second, des conseils.

Tous deux le flattaient et le trompaient également.

Le cognac avait déjà conquis son influence funeste, étourdi cet esprit indécis et inquiet, quand Blavier revint à la charge.

— Eh bien, demanda-t-il à son conseiller, tu l'as revue ? Où est-elle ? Que t'a-t-elle dit ?

— Je l'ai revue, dit l'autre d'un air mystérieux.

— Et quoi de neuf ?

— Rien, malheureusement.

— Comment ? Que veux-tu dire ?

— Ne t'énerve pas ainsi, il faut avant tout de l'énergie et du sang-froid. Rien n'est changé dans sa résolution. Elle est décidée à te faire autant de mal qu'une femme enragée peut en faire. Tu as dans cette femme-là un ennemi mortel... tu m'entends ?

« Pour éviter un scandale affreux, j'ai tâché de la calmer... Peuh !.. c'était jeter de l'huile sur le feu. J'ai cherché à toucher chez elle la corde sensible ; cette corde-là est cassée.

« Tu ne sais pas, toi, tout le mal qu'une femme exaspérée peut faire à un homme dans ta situation.

« Elle va porter plainte... Elle va ?... C'est déjà fait peut-être à l'heure qu'il est...

— Mais... fit Alfred.

— Permets ! repartit Blavier avec un geste d'autorité. Elle va porter une plainte en escroquerie, on fera une enquête. Commissaire et mouchards éplucheront ta vie : — Quel est cet homme ? Où est son dossier ? Nous avons tous notre dossier à la Préfecture. De quoi vit-il ?.. Comment vit-il ?

« Où tu ne vois, toi, que des bagatelles, ces agents de police voient des délits, des monstruosités.

« Et quand ils t'auront fait plus noir que le diable, ces gens-là te colleront au front VOLEUR pour le reste de ta vie.

« Et quand tu sortiras de prison, placé sous leur surveillance, tu seras un voleur.

— Oui, tu as raison, repartit Alfred, c'est grave, c'est effrayant. Mais enfin...

— Ce n'est pas tout.

— Comment, ce n'est pas tout?

— Non, j'entrevois, je pressens pis encore. Après t'avoir dénoncé, cette fille menace de se tuer.

— Eh bien! qu'elle se tue!

— Imbécile!

— Que m'importe!

— Idiot!... Et si l'on t'accuse de sa mort?

— Moi? fit Bernard avec un rire forcé. Ah! par exemple!... Est-ce ma faute si...

— Tu n'y es pas : — Si l'on t'accuse de l'avoir tuée?

Bernard regarda Blavier avec stupéfaction.

— C'est comme cela pourtant, reprit l'autre.

« Un suicide ressemble souvent à un meurtre.

« On trouve cette fille morte dans un coin.

« On a entre les mains une plainte en escroquerie portée par elle contre toi ; la veille tu l'as battue... C'est toi seul qui avait intérêt à l'assassiner. C'est toi qui a fait le coup... Oh! tu ne serais pas le premier, va!

Chacune de ces paroles faisait sur l'esprit alcoolisé de Bernard une impression profonde.

Il sentait, il voyait comme des réalités ces probabilités menaçantes. Elles l'écrasaient comme un cauchemar.

— Enfin, que puis-je à cela, moi? dit-il.

— Il faut tâcher de prévenir le mal s'il en est temps encore.

— Mais pour cela, que faire?

— Tu suivras mes conseils?

— Je te le promets.

— Eh bien, allons souper et ce soir je te conduirai près d'elle.

CHAPITRE V

Le crime.

Revenons à Clichy.

La nuit était noire. Il s'élevait des eaux un brouillard épais qui ne devait se dissiper qu'au lever de la lune.

Maria avait allumé une petite lampe. De temps en temps elle se levait, écartait le rideau de la fenêtre et, ne voyant au dehors que ténèbres, se retirait impressionnée.

Il régnait un silence d'une étrangeté, gênante pour elle, au sortir du bruit de Paris.

Vers huit heures, elle commença à se déshabiller pour se coucher, puis elle hésita, rentra dans la salle à manger et s'arrêta pour prêter l'oreille à des bruits qui lui semblaient suspects, alarmants.

C'étaient dans la plaine des coups de sifflet, puis des cris d'appel prolongés avec une insistance particulière, — des cris de femme.

Et ces coups de sifflet et ces cris de femme d'une nature sauvage et tels qu'elle n'en avait jamais entendu, s'éteignaient soudain dans un lourd silence pour se répéter quelques minutes plus tard.

Par moments ses yeux chargés de sommeil cherchaient son lit, mais à ces bruits, dont la signification sinistre pénétrait peu à peu dans son esprit, son souffle s'arrêtait, ses pieds se fixaient au sol, un frisson courait sous ses cheveux.

Il y avait dans les environs des rôdeurs de nuit. Il ne ferait pas bon sortir à cette heure.

Heureusement sa porte était fermée.

Elle baissa la lampe, en veilleuse, pour avoir de la lumière toute la nuit.

Tout bruit avait cessé.

Enfin elle se décida à aller se coucher; l'heure du repos était sonnée pour elle.

Tout à coup, chose étrange, inouïe, et qui la glaça d'épouvante...

Une grande ombre se dessina sur la muraille blanche de la salle.

Quelqu'un était entré!... Impossible de deviner comment.

Quelqu'un passait entre elle et la lumière et marchait vers elle, sans qu'elle l'entendît.

Elle se retourna brusquement.

Un inconnu de haute taille, vêtu de noir, et la main gantée de noir, à deux pas d'elle, la menaçait de la large lame d'un coutelas.

La malheureuse épouvantée ne poussa pas un cri...

Elle se recula d'instinct, se heurta à la table et s'y renversa à demi, les bras tendus pour écarter le coup.

Mais l'assassin trompa son attente et soudain, au lieu de frapper de haut en bas, il fit une feinte rapide et la frappa de bas en haut jusqu'à la ceinture.

Elle se renversa tout à fait sur la table massive. Le coutelas...

(Que l'on nous pardonne des détails dont l'horreur nous répugne, mais indispensables à jeter quelque éclaircissement dans ce drame mystérieux.)

Le coutelas fouilla un instant l'horrible blessure. Il avait ouvert le ventre l'estomac et cherchait le cœur.

La victime pantelante expirait.

Alors la main gantée de noir se retira toute rouge...

On frappa à la porte...

L'assassin tressaillit, s'éloigna rapidement et disparut comme par miracle; on eut dit un fantôme sanglant qui s'évanouissait.

Il était sorti!

Par où? Comment? Nous le dirons tout à l'heure.

Qui avait frappé?...

Blavier et Alfred Bernard! Tous deux redoublaient les coups à la porte.

— Il est tard, elle dort sans doute, dit Blavier à Alfred; attends, j'ai double clef, je vais ouvrir.

— Quand elle dort, dit Alfred, le canon ne la réveillerait pas.

Ils entrèrent, bien loin de soupçonner la mort de Maria.

Tout d'abord ils furent surpris de la voir ainsi couchée sur la table.

— Est-elle ivre? murmura Bernard.

Mais bientôt ils aperçurent le sang ruisselant sur le jupon de l'infortunée, ils reconnurent que ses traits étaient convulsés par l'agonie.

— Tuée! assassinée!... dit Blavier d'un air plus étonné que consterné.

— A l'assassin! cria Bernard.

— Veux-tu te taire!... Veux-tu te taire, malheureux! dit Blavier en se jetant sur son ami affolé et prêt à courir sur la route.

« Tais-toi, reprit-il encore avec énergie, ou nous sommes perdus.

Bernard, par un effort violent, se calma.

— Il faut du sang-froid; il faut nous remettre, dit Blavier.

Il prit sur le buffet le litre de cognac et un verre qu'il remplit à moitié.

« — Bois cela, dit-il, pour te donner du cœur.

L'autre machinalement vida le verre.

— Le coup vient d'être fait, reprit Blavier après un examen attentif.

« Les assassins ne sont pas loin. Mais eux ne risquent rien. Ce n'est pas eux qu'on ira chercher.

« Que t'avais-je dit?

« Nous sommes venus trop tard...

« Et tu vas endosser leur crime.

— Moi! moi!... exclama Bernard.

— Rappelle-toi ce que je t'ai dit. Maintenant tire-toi de là comme tu pourras; moi, je m'en vais.

— Oui, partons.

— Viendrais-tu m'accompagner par hasard? fit Blavier avec indignation. Veux-tu me mettre dans ton affaire?... Ah! non, je suis assez malheureux d'avoir fait votre connaissance...

« Vas de ton côté, moi du mien.

« Et ne prononce jamais mon nom!...

— Blavier, dit Alfred suppliant, ne m'en veux pas, ne m'abandonne pas, mon vieux ; que faut-il faire?

L'autre, qui avait déjà la main sur l'olive de la porte, s'arrêta.

Il parut réfléchir un instant.

— Voilà mon dernier mot, dit-il d'un ton sententieux :

« Si l'on découvre le corps de cette fille ; tu vas endosser le crime... Tu l'as volée ; tu l'as battue, elle a porté plainte, tu es venu ce soir ici... Tiens! tu as du sang au pied... prends donc garde.

Bernard blémissait de terreur.

— Eh bien, fais disparaître le cadavre.

— Comment?

— Jette-le à la Seine.

— Oui... Mais... La Seine, c'est encore loin... Le chemin... On peut me voir.

— Mets le cadavre dans un sac.

— C'est impossible!...

— Tout te paraît impossible.

— Un sac, c'est trop petit. Le corps entier c'est trop lourd...

— Eh bien en deux sacs, s'il le faut.

— Couper le cadavre! balbutia Bernard hors de lui.

— Alors, laisse-le, et attends ton sort. Adieu...

— Non, je t'écouterai, dit Bernard abruti par l'ivresse et l'épouvante.

— Fais-le donc, coupe-moi ce cadavre en deux.

Et appuyant ces paroles d'un signe atroce, il ouvrit la porte et s'élança dehors.

Bernard se trouva seul près de la morte.

Quelle situation affreuse !

Il se rappela que son ami avait vu du sang à l'un de ses souliers. Il y regarda, c'était vrai.

Il examina son pantalon, les pans de son paletot. Il lui semblait voir du sang partout.

Il ôta son paletot et le déposa sur une chaise.

Puis il murmura : Il faut étancher ce sang.

Il aperçut le tas de sciure de bois, dont nous avons parlé; il en amassa une couche épaisse sous les pieds du cadavre.

S'étant ainsi approché de la table il vit dans le tiroir entr'ouvert le couteau de cuisine. Il le prit, puis le reposa sur la table et jeta autour de lui un regard éperdu.

— Est-ce possible! gémit-il encore.

Ses yeux rencontrèrent le litre et le verre. Il se versa une rasade d'eau-de-vie et l'ivresse brutale, rapide, ardente de l'alcool lui donna une énergie aveugle; il reprit le couteau.

D'un mouvement brusque et déterminé il écarta le caraco trempé de sang, et l'arracha. Il coupa la ceinture du jupon, s'enhardit enfin, écarta le dernier vêtement et mit à découvert l'horrible blessure...

— Oh! s'écria-t-il, faiblissant devant la blessure, trouant la chair nue.

Et il fut tomber sur une chaise, défaillant.

Où donc trouverait-il le courage de l'horrible besogne qu'il avait entreprise?

Mais la torpeur qui suit le premier coup de fouet de l'ivresse envahissait son cerveau. Il sentit que s'il restait sur cette chaise il s'engourdirait pour se réveiller le lendemain dans une mare de sang.

Cette idée, le dernier éclair de lucidité intellectuelle peut-être, le remit sur pied. Il reprit son couteau.

La victime avait les bras étendus.

Il les ramena sur la poitrine.

Ils se raidissaient déjà. Il chercha un cordonnet, le trouva et les lia.

— Il me faudrait encore des cordes, murmura-t-il.

Il chercha de nouveau; mais cette fois en vain.

Alors il se rappela que tout à côté de la maison était une tenderie de blanchisseuse.

Il entr'ouvrit la porte, écouta...

Aucun bruit; personne.

Il se hasarda dehors.

CHAPITRE VI

L'intervention mystérieuse.

A peine avait-il fait deux pas qu'il crut percevoir des chuchotements près de lui dans l'ombre. Mais il attribua cela à la peur et entra dans le champ voisin. Il avait conscience de son ivresse et il agissait comme sous l'empire d'une hallucination.

Cependant il ne s'était pas trompé.

Il n'était pas seul et sans témoins.

L'assassin ne s'était pas éloigné; il se tenait à l'angle de la maison et il avait un complice.

Tous deux épiaient Bernard et paraissaient s'impatienter.

— Il s'en va... Il n'en finira pas !... avait chuchoté le premier.

Ils s'approchèrent de la fenêtre.

Ces hommes agissaient avec une tranquillité incroyable, un calme inouï, une assurance inconcevable.

Ils avaient leur raison.

Une armée de malfaiteurs les protégeait contre les curieux et la police; personne n'aurait pu arriver jusqu'à eux sans être assommé ou égorgé.

Le chef ganté dit à son compagnon, après avoir jeté un regard dans la maison :

— Cet imbécile d'ivrogne va mettre un temps infini à la découper. Tu as entendu le conseil que lui donnait son compagnon en s'en allant. Il lui disait : « Coupe-moi ça ! »

— Oui ! dit l'autre. J'ai bien entendu.

— Mais ce Bernard ne saura pas s'y prendre. Si tout est tranquille, nous allons lui épargner la besogne. Aboie !

Le bandit auquel s'adressait cet ordre fit entendre la plainte lugubre d'un chien hurlant à la mort.

Un instant après retentissait un coup de sifflet auquel un autre répondait aussitôt.

Plusieurs individus, parmi lesquels se trouvait une femme, se groupèrent autour de leur chef.

C'étaient des rôdeurs de nuit, des brigands dont les environs de Paris sont infestés, surtout les bords de la Seine, des êtres abrutis et féroces, prêts à tous les crimes, courant par bandes la nuit, comme les loups en temps de neige, et qui n'apparaissent à la lumière du jour que pour être jetés en prison.

Des femmes abjectes, dignes d'eux, traînant leurs loques au bord des carrières, le long des haies, dans les démolitions, leur servent d'éclaireurs ou de sentinelles pour leurs mauvais coups.

On entend souvent ces louves hurler sur les berges désertes, dans les terrains vagues ; leurs cris avertissent de votre passage des rôdeurs apostés dans les environs. Elles indiquent que vous êtes seul, que vous suivez telle direction.

Méfiez-vous !... L'ennemi va surgir et il a des couteaux...

Si vous voyez enfin dans l'obscurité s'avancer vers vous un être qui ressemble à une femme... méfiez-vous encore, c'est quelquefois un homme déguisé.

L'homme aux gants noirs avait, pour ce soir-là au moins, pris à sa solde quelques-uns de ces malfaiteurs.

Le monde des coquins a son aristocratie. Cet homme était peut-être (nous disons peut-être) un gentleman de la *haute pègre*.

Le crime commis, il s'était déganté. (Page 26.)

En tout cas, l'assassinat qu'il venait de commettre avait été préparé de longue main et d'autres personnages que ceux que nous avons connus jusqu'à présent avaient intérêt sans doute à la disparition de cette pauvre femme.

Les rôdeurs qui entouraient le *pègre aux gants noirs*, que ses affidés appelaient le Mcg (le maître), étaient au nombre de cinq, plus une femme, assez jeune encore et vêtue comme une bonne d'enfant.

C'était une célèbre voleuse qui servait d'amorceuse à la bande.

Ces gredins faisaient partie d'une association nombreuse, comme sous le nom *des Assommeurs*. Ils avaient une sinistre célébrité sur les bords de la Seine.

Tous étaient armés.

Au poing, un bâton, un de ces assommoirs qui tuent sans bruit.

Dans les poches, un long couteau pliant, à manche rond, à rondelle de cuivre pour tenir la lame fixe, quand on l'ouvrait; arme redoutable en leurs mains.

4   4

Tous avaient des têtes terriblement significatives, suant le vice, marquées aux stigmates des plus viles passions ; pour vêtements des loques ; pour chaussures des savattes ou des bottes éculées.

La femme portait une lanterne sourde, projetant la lumière ou la dissimulant selon les besoins ; lanterne bien connue des gardes-pêches qui savent quel usage en font les ripeurs nocturnes de la Seine, braconniers de rivière émérites.

Ce n'était là que l'élite de la bande ; le reste faisait le guet au loin.

Cette escouade de malfaiteurs s'était groupée autour de son chef.

Celui-ci s'était déganté, selon sa coutume, une fois l'assassinat commis.

Calme, sûr de son monde, il prit la parole et dit sans employer un mot d'argot :

— La femme est morte !

Puis, il reprit :

— Cet imbécile est ivre ; il a la tête perdue ; il cherche une corde, il va revenir ; mais il mettrait une heure à découper le cadavre. Toi, Bossuges, c'est ton état ; partage la femme en deux. Nous veillons.

— Mais... s'il revient trop tôt ?... dit le boucher.

— Nous sommes là, Bossuges, dit le Meg, j'aviserai. Du reste, il fait sombre et ce Bernard mettra du temps à trouver la corde. Allons, va, coupe et file !

Le boucher n'hésita pas et il entra dans la maison.

Cependant Stéphanie, l'amorceuse, qui semblait avoir de l'autorité sur la bande, fit une observation.

— Bernard, dit-elle, n'est pas venu tout seul ; il avait un camarade. Qu'en pensez-vous, Meg (maître) ?

— Cet homme-là était payé par moi pour amener Bernard ici, dit l'assassin ; il n'y a pas à s'inquiéter de lui.

— Je l'ai vu, dit un des bandits, se carapater (courir) vers Saint-Ouen. S'il est des nôtres, pourquoi se sauve-t-il ?

— Il a pris peur ! dit le maître. C'est un garçon très-rusé, très-adroit ; mais il a les foies blancs et un cœur de lièvre.

« Il craint de se compromettre ; la tâche pour laquelle il a reçu son argent terminée, il se retire.

— Dites donc, Meg, fit Stéphanie, Bernard va revenir et il verra sa gonsesse (femme) en deux ! Qu'est-ce qu'il va en penser, ce pochard-là ?

— Soûl comme il est, dit le Meg, ayant le cauchemar de l'eau-de-vie, de la peur et du sang, il se demandera si c'est lui qui a découpé le corps ; puis, comme les ivrognes sont têtus, il suivra l'idée que lui a soufflé son camarade ; il portera le cadavre à la Seine.

— S'il n'ose pas... fit la femme. Il aura peut-être le taf, c't' homme !

— Alors il s'en ira, et c'est nous qui noierons le cadavre ! dit le maître. Mais j'aimerais mieux que ce fût lui.

En ce moment, on entendit au loin le pas lourd de Bernard qui revenait en chancelant tant il était aviné.

— Cachez-vous, ordonna le maître à son monde.

Et il alla frapper à la porte de la maison où le boucher accomplissait son épouvantable besogne, et où il était en train de compléter l'œuvre de son maître.

Les bras musculeux de Bossuges étaient nus, sa main était armée d'un couteau de boucher.

Cet individu, jeune, d'une vigueur remarquable si l'on en jugeait d'après le torse que moulait un tricot de laine brune, avait saisi le cadavre, et, d'un coup, avec la sûreté et l'habileté de main d'un praticien, avait séparé le corps en deux entre les hanches et les dernières côtes.

La lame, sans hachures, sans hésitation, avait tranché l'épine dorsale.

Le cadavre était en deux morceaux.

L'ordre qu'il avait reçu était exécuté au moment où le maître frappa, il se retira et rentra avec lui dans les ténèbres.

Cette opération n'avait pas demandé plus de trois minutes.

Bernard revint titubant dans la boue ; la tête perdue, la jambe lourde.

Il tenait ses cordes.

Il entra et referma la porte, puis... nous laissons à juger de son étonnement...

Longtemps il resta stupide en face du cadavre mutilé ! Par un mouvement machinal, il passait sa main sur son front, se frottait les yeux, regardait encore et demeurait cloué au sol.

Enfin il dut se rendre à l'évidence.

Il avait conscience d'être ivre ; il avait eu la volonté de découper le corps ; il y avait eu presque commencement d'exécution. Il finit par s'imaginer que la mémoire lui faisait défaut, tant les vapeurs de l'alcool troublaient son cerveau.

— Suis-je assez soûl ! se dit-il, je ne sais même plus ce que je fais... Je ne me souvenais plus de l'avoir coupée ! Il fut saisi d'un tremblement nerveux qui le secoua violemment.

La crise passée, il contempla ce qu'il croyait son ouvrage avec une immense stupéfaction ; puis peu à peu il se familiarisa avec la situation.

Déjà l'aspect de ce cadavre mutilé, de ce sang répandu, déjà le contact de ces tristes restes de la malheureuse qui avait été sa maîtresse ne faisaient plus sur lui une aussi forte impression.

La sensibilité s'émousse et s'épuise chez l'homme qui a bu, surtout quand il s'est enivré d'eau-de-vie. Trop d'émotions l'avaient assailli pendant la soirée ! Il était rassasié d'horreur et il n'éprouvait plus les vives répugnances qu'il avait ressenties au début.

La fatalité de la situation le poussait, du reste ; du moment où il croyait avoir séparé le tronc en deux, il n'avait plus qu'à terminer son œuvre ; il était logique d'en finir, et la logique s'impose souvent plus rigoureusement à l'ivrogne qu'à l'homme à jeun.

Agissant donc avec la résolution d'un homme pressé de terminer un ouvrage pénible et dangereux, il recouvra en partie sa présence d'esprit, il apporta de la cuisine deux sacs et deux pierres, passa un nœud coulant au cou de la victime et y suspendit une des pierres.

Il enveloppa la tête d'un mouchoir blanc que Maria croisait sur sa poitrine, entoura le buste d'un autre linge à la hâte et mit cette partie du cadavre dans un sac.

Il roula le reste des débris dans le bas du jupon, dont le haut ne pouvait plus servir, déchiré et trempé qu'il était, puis le ficela comme le premier tronçon en y fixant une pierre.

Enfin il alla écouter à la porte, mit la lampe par terre dans un coin, et, chargé de la moitié du cadavre, marcha rapidement vers la rivière ; ses pas se perdirent bientôt dans le lointain.

Comme il s'éloignait, le *maître* et le garçon boucher qui, jusqu'alors, avaient dans l'ombre épié tous ses mouvements, se glissèrent au seuil de la maison.

— Est-ce fini ? fit Bossuges. Filons-nous ?

Le maître poussa la porte et regarda.

— Non, ce n'est pas fini, dit l'homme aux gants noirs. Cet imbécile reviendrait certainement enlever l'autre paquet, mais il est d'une lenteur désespérante et, avant une heure peut-être, la lune va se lever et éclairer la route et la plaine.

Se tournant alors vers Bossuges, qui l'accompagnait :

— Voyons, lui dit-il, aidons-le encore, emporte le reste de ce cadavre, qu'en rentrant il ne trouve plus rien et nous cède la place.

Le garçon aux bras nus obéit passivement ; il agissait résolument chaque fois que son compagnon lui donnait un ordre.

Lorsqu'il sortit de la maison avec son sanglant fardeau :

— Ne prends pas le même chemin, lui recommanda son maître. Évite de rencontrer Bernard.

Bossuges suivit la recommandation.

Le maître se cacha de nouveau.

Un temps assez long s'écoula.

Enfin Bossuges revint vers son chef.

— L'as-tu vu ? demanda l'assassin.

— Non.

— C'est étrange. Pourvu qu'il ne se soit pas noyé, cet idiot !

Un bruit de pas assourdis par la boue se fit entendre.

Bossuges leva la main et dit :

— Écoutez !... Le voilà !

Le chef prêta l'oreille et dit vivement à son tour.

— Éloignons-nous ; c'est lui.

C'était Bernard en effet. Mais à sa démarche chancelante on l'eût cru blessé, ou complétement ivre. Ses jambes flageolaient, ses pieds butaient à chaque pas.

Il n'était pas ivre à tomber cependant et il n'était pas blessé, mais la peur et aussi l'horreur de son action l'avaient accablé.

On juge des émotions de ce misérable. Nous avons décrit cette scène dans notre prologue.

Qu'on s'imagine la campagne par le temps affreux qu'il faisait ; qu'on se représente les impressions qu'avait dû éprouver cet homme.

La distance à franchir était assez longue ; la route que le malheureux Bernard avait eu à parcourir, offre une pente rapide et semée de pierres ou de broussailles, la rivière est d'un difficile accès à la nuit, les bords ont un aspect mystérieux.

Çà et là, de gros bateaux amarrés dont les flancs noirs peuvent recéler des témoins ; à terre, sur les berges, gisent des objets de forme bizarre, des engins qui, aux yeux de la peur, prennent des apparences fantastiques.

Les flots ont des murmures, des clapotements, les amarres ont des plaintes, des grincements, qui sont la parole des choses.

Tout cela agit sur un cerveau à demi halluciné par le crime, l'alcool et la terreur.

Il faut s'avancer sur le fleuve, hasarder sur des objets entrevus et glissants un pas mal assuré, afin de jeter au courant le colis funèbre !...

Recomposez par l'imagination les détails de cette scène nocturne et vous aurez l'idée de l'état dans lequel s'en revenait Alfred Bernard ayant, croyait-il, à refaire encore une fois l'épouvantable trajet.

Tout d'abord en rentrant il ne s'aperçut de rien, mais lorsqu'il fut devant la table vide, il pensa devenir fou.

Et ce qu'il voyait, venant s'ajouter à tout ce qu'il avait ressenti, acheva d'ébranler sa raison.

Se levant tout à coup, il étendit les bras d'un air effaré, battit l'air de gestes désespérés, puis tournoyant sur lui-même, il quitta la maison en courant.

Il s'enfuit éperdu, chancelant, sans détourner la tête. . . . .
. . . .

Bientôt le coup de sifflet du maître retentit de nouveau ; sa bande accourut cette fois plus nombreuse ; ceux qui faisaient le guet au loin se joignirent à l'escouade de renfort stationnée près de la maison.

Plus de vingt rôdeurs envahirent celle-ci et la nettoyèrent de fond en comble en moins d'une demi-heure.

Puis, après que le maître eut donné un coup d'œil sur leur besogne, ils se dispersèrent silencieusement sur l'ordre de l'assassin aux gants noirs.

Pour lui, avec Bossuges, qui semblait être son âme damnée, il s'éloigna, prenant le chemin de Clichy.

En chemin Bossuges fit à voix basse des réflexions.

— Ça s'est bien joué, disait-il ; mais votre Blavier nous a amené Bernard avant l'heure. Une minute plus tôt et vous n'auriez pas eu le temps de bûter la femme !

— Blavier a fait ce qu'il a pu ! dit l'assassin. Je suis sûr de lui, quoiqu'il ne soit pas très-brave. Il m'expliquera certainement pourquoi il est arrivé en avance.

— Et si Bernard était venu une heure plus tard, comme c'était convenu, comment les choses se seraient-elles passées? demanda Bossuges.

— La femme tuée, dit l'assassin, je la faisais jeter à l'eau et l'on nettoyait la maison ; puis nous partions, laissant Blavier, à son arrivée, installer Bernard dans la maison.

« Mon plan était simplement de compromettre Bernard en tuant la femme, en l'enlevant avant son arrivée, en le faisant coucher dans cette maison après que le crime y eut été commis, sans qu'il s'en doutât. La police aurait eu des indices graves contre Bernard, et Blavier aurait déposé contre lui. Mais les choses ont encore mieux tourné. J'ai changé mon programme et profité des circonstances.

— Lui faire porter à lui-même la moitié du cadavre à l'eau, c'est un coup de maître ! dit Bossuges.

L'assassin sourit et scandant chaque mot, il reprit :

— Tout sera contre lui. *S'il le fallait pour servir les intérêts de ceux auxquels j'ai loué les services de la bande, on en arriverait facilement à faire avouer à Bernard qu'il est l'assassin.*

— Ça, dit en riant Bossuges, ce serait trop fort. Ce serait comme dans l'histoire du guillotiné par persuasion !

— Ne ris pas tant ! dit le Meg d'un air étrange. Ceux pour qui je marche dans cette affaire sont très-forts. Avec un bon avocat, je me chargerais d'obtenir des aveux.

— De Bernard ?

— Oui de Bernard ? Il suffirait de lui prouver qu'il y va de son intérêt, et, crois-le, son intérêt pourra être un jour de se dire coupable en racontant le crime d'une certaine façon.

Ils arrivaient dans Clichy.

En ce moment ils rencontrèrent un fiacre qui depuis deux heures environ ne faisait qu'aller et venir dans certaines rues de Clichy ; le Meg le siffla d'une certaine façon ; le cocher s'arrêta, échangea un regard et un mot avec eux ; ils montèrent dans la voiture qui partit au trot.

Le jour pointait à l'horizon !

CHAPITRE VII

Sur la rivière.

Revenons sur les bords du fleuve au moment où l'eau vient de se refermer sur les deux tronçons du corps de la victime.

Maintenant les criminels avaient complétement terminé leur œuvre et y avaient mis la dernière main.

Rien, semblait-il, n'avait été laissé au hasard, et, dans leurs combinaisons, les assassins avaient tout prévu.

Le meurtrier avait des complices, mais il croyait qu'il n'avait pas de témoins.

La nuit avait voilé la première phase du drame ; la Seine garderait le secret du crime.

Si, par un de ces coups du hasard avec lesquels il faut toujours compter, le fleuve trahissait ce secret, que retrouverait-on ?... Des débris méconnaissables.

Le visage serait boursouflé et verdâtre.

Le corps de Maria tiré de l'eau, reposé à la Morgue, ne pourrait être reconnu.

D'ailleurs la Morgue est loin de Montmartre.

Elle était sans parents, sans amis, sans personne qui s'intéressât à elle. Ce n'était pas Bernard qui irait à sa recherche.

Si quelque connaissance passait par hasard à la pointe de l'île de la Cité se souviendrait-elle assez de cette femme qui lui était indifférente.

On oublie si vite à Paris !

Enfin, en admettant même l'invraisemblable, en supposant qu'elle fût reconnue, vers qui se tournerait la police ? A qui demanderait-on des comptes ?

A celui avec qui elle vivait. A Bernard.

Elle n'avait pas, nous le savons bien, porté de plainte en escroquerie, mais en fin de compte, si quelqu'un pouvait être compromis, c'était Alfred Bernard.

Ses assassins, ceux qui avaient à sa disparition un intérêt, dont nous n'avons pas encore éclairci le mystère, restaient à couvert. Ils étaient donc fort tranquilles.

Ils l'eussent été beaucoup moins, s'ils avaient vu ce qui se passait sur Seine, après le crime.

Le silence le plus complet régnait enfin sur la plaine et sur les bords du fleuve.

Une partie de la nuit s'était écoulée. Le brouillard ondulait sous une brise presque insensible et blanchissait sous les rayons tremblants des étoiles.

L'obscurité était toujours profonde, mais tendait légèrement à se dissiper.

Et pourtant sur le sinistre dépôt qui leur avait été confié, les eaux roulaient toujours noires.

Elles roulaient sans l'entraîner ; deux pierres solidement fixées retenaient au fond les restes de la pauvre femme.

L'éternel repos avait commencé pour la malheureuse créature qui, pleine de vie quelques heures auparavant, s'agitait inquiète du lendemain...

Mais cependant son cadavre allait encore être profané.

Un homme, nous l'avons dit dans notre prologue, s'était glissé sur la rive et avait vu Bernard lancer un paquet à l'eau.

Le même homme voyait et entendait, quelques instants après, Bossuges jetant le second paquet dans la rivière.

Cet espion (il en avait toutes les allures) se tint blotti pendant long-temps, épiant tous les bruits.

Enfin il se dirigea vers un bateau dont la chaîne était amarrée à un pieu par un cadenas.

Cet individu, qui en avait la clef, détacha cette nacelle avec une facilité qui dénonçait l'habitude, et, armé d'un croc qui lui servait d'aviron, il s'avança à plusieurs mètres de la rive.

Il mesura d'un coup d'œil la distance, et plongea le croc dont les dents, un instant après, ramenèrent à la surface un des tronçons du cadavre, le premier jeté à l'eau.

Il le déposa dans la barque...

Armé de ciseaux, il ouvrit le sac en quelques coups rapides.

La tête de la victime apparut entourée de linge.

Il enleva cette enveloppe.

Le visage pâle de la morte apparut cette fois en pleine lumière, car au

Blavier à cinquante pieds du sol!

même moment la lune trouait les nuages et unissait sa clarté aux premières lueurs de l'aube.

Le vent matinal avait achevé de balayer les vapeurs de la nuit; et, qui fut passé sur la berge, eut vu distinctement l'homme, debout dans la barque, abattant à grands coups de ciseaux la chevelure noire dont une partie était enroulée à son bras nu.

C'était Blavier!

. . . .

Ce fut l'affaire d'un instant, d'une minute à peine.

Il tordit ensuite la chevelure coupée pour l'emporter; puis il se pencha de nouveau sur le cadavre; comme un voleur se penche sur sa victime pour la fouiller. On eut dit qu'il la dépeçait encore.

Enfin il rendit le cadavre à la Seine.

Pourquoi ce sacrilège?

Pourquoi ce Blavier se chargeait-il de ces dépouilles si compromettantes?

Décidément, dans ce drame, ce mystérieux personnage aux déguise-ments nombreux jouait un rôle ou plutôt des rôles étranges.

CHAPITRE VIII

La découverte.

Il faisait un temps clair et gai, une vraie matinée de printemps. La campagne se réchauffait et souriait ; la Seine avait baissé.

A l'extrémité de Clichy qui confine à la commune de Saint-Ouen, des enfants, courant le long de la berge, descendirent sur un petit radeau amarré à un piquet.

Ils allaient à la pêche!

L'aîné de ces marmots de six et de huit ans avait fabriqué une ligne avec une branche de saule, un fil et un vieil hameçon rouillé, trouvé près d'un pêcheur négligent.

Ses camarades se chargeaient d'attraper des vers pour servir d'amorce, et ils se promettaient merveille.

En attendant les vers, le pêcheur assis à l'extrémité du radeau, émiet-tait du pain pour attirer les poissons, et se penchait pour contempler sa friture.

L'eau était calme, limpide et peu profonde en cet endroit.

Un objet singulier au fond de l'eau attira son attention.

— Tiens! fit-il, venez donc voir, vous autres ; qu'est-ce que c'est que ça?

Les trois gamins s'étendirent à plat-ventre sur le radeau pour mieux voir.

Le courant soulevait doucement et balançait à environ un mètre de la sur-face un paquet de linge retenu à une corde.

— C'est le paquet d'une blanchisseuse, s'écria un des enfants, — Tenez-moi la jambe, je vas l'attraper. Ne lâchez pas !

Il se pencha et enfonça son bras jusqu'à l'épaule, mais il se mit à crier comme un perdu en sentant l'eau effleurer son visage.

Tandis qu'il se démenait pour se rattraper, le plus grand avec sa gaule piquait le prétendu paquet de linge qu'il faisait tournoyer.

— Que faites-vous donc là, mauvais drôles ? cria un passant. Vous allez vous noyer.

— M'sieur, c'est un paquet de blanchisseuse qu'est au fond de l'eau.

— Non, ça doit être un gosse qu'on a noyé.

— Voyons, voyons, dit le passant.

Il s'avança à son tour.

— Oh ! oh ! fit-il, c'est quelque chose d'extraordinaire.

« Otez-vous de là, moutards, je vais tâcher de l'avoir.

Il portait une binette. A l'aide de cet outil, il accrocha le paquet et l'amena sur le radeau.

L'enveloppe déjà dérangée, ainsi que nous l'avons vu, laissait entrevoir les débris humains.

Surpris, effrayé, le paysan en appela un autre qui travaillait à quelque distance de là, et tandis que l'un gardait la sinistre trouvaille, l'autre courait à Saint-Ouen prévenir le commissaire de police.

Celui-ci se rendit sans retard sur les lieux, accompagné d'un médecin et d'un premier groupe de badauds auxquels, quelques jours plus tard, devait succéder la foule.

On sait ce qu'ils trouvèrent...

C'était le premier tronçon. La tête était tondue, le ventre fendu jusqu'aux reins était absolument vide ainsi que la poitrine ; les intestins, le cœur, le foie, la rate avaient été enlevés.

Avant de procéder à ces premières constatations, le commissaire avait envoyé un exprès au chef de la sûreté, M. André, un magistrat habile et consciencieux.

Deux heures ne s'étaient pas écoulées depuis l'horrible découverte lorsque le célèbre chef et quelques-uns de ses agents arrivèrent au bord de la Seine.

Après avoir pris connaissance des faits que nous venons de raconter, M. André fit appeler des mariniers et les chargea de sonder le fleuve en les engageant à procéder avec méthode.

Les recherches ne furent pas longues et bientôt, à peu de distance du radeau, l'on repêcha la partie inférieure du cadavre.

Quand les constatations légales furent terminées, le cadavre fut envoyé à la Morgue où l'autopsie fut faite dans la journée.

Secondé par le commissaire, le chef de la sûreté procéda à une information générale.

Il prit les noms des propriétaires ou mariniers des bateaux amarrés aux environs.

S'informa si quelqu'un avait passé la nuit sur l'un de ces bateaux.

Entendit quelques dépositions sans intérêt, puis recueillit les observations de ses agents occupés de leur côté à l'examen du sol et des traces qui pouvaient leur servir d'indices.

Mais le sol avait déjà été piétiné par les curieux.

Les pierres et les cordes fixèrent particulièrement l'attention du chef de la sûreté.

La nature de ces objets pouvait indiquer leur provenance.

Nous ne rapporterons pas les mille suppositions plus ou moins rationnelles, ou simplement ridicules, auxquelles donna lieu la découverte de la femme coupée en morceaux.

Les journaux affamés de nouvelles à sensation s'en emparèrent avec avidité.

La Morgue n'avait pas vu pareille affluence depuis l'exposition de l'enfant de la Villette et de la famille Kink.

Vingt mille personnes par jour faisaient queue derrière Notre-Dame pour voir le cadavre, et chaque jour quelqu'un croyait le reconnaître.

On put s'étonner alors du nombre de femmes disparues et la police parut accepter la mission de les retrouver toutes.

Il y eut ainsi plus d'une découverte amusante. Quelques femmes furent rendues malgré elles à leurs maris qui commençaient à se consoler de leur départ.

Il y eut aussi des méprises causées par une ressemblance étrange.

Plus de quinze jours se passèrent ainsi sans amener le moindre éclaircissement, mais aussi sans que la conscience publique indignée ne cessât de réclamer satisfaction.

Après un dernier examen médical, examen qui n'avait fait que confirmer les opinions premières, la mise en bière de la malheureuse victime fut ordonnée par le parquet et son enterrement eut lieu. Une messe basse fut dite à Notre-Dame et le corps fut conduit au cimetière d'Ivry dans l'enclos spécial de l'ambulance publique.

Des photographies et le moulage du cadavre restèrent exposés à la Morgue.

On pouvait croire que l'affaire en resterait là.

Le misérable amant de Maria, en apprenant l'enterrement, éprouva un soulagement immense.

Un jour cependant Bernard eut l'affreux courage d'aller prendre rang dans la queue de la Morgue.

Il voulut faire comme tout le monde afin de paraître partager la curiosité et l'émotion générales. Il voulait pouvoir dire : — Je suis allé voir la femme coupée en morceaux.

La veille plusieurs habitués du café Henri avaient fait ce pèlerinage et le soir Bernard n'avait osé paraître au café.

Il craignait de se troubler, si l'on causait de cette visite à la Morgue.

Il se disait :

— Si j'y avais été moi-même, je me sentirais plus fort.

Et il y était allé.

Mais ce soir-là, pas plus que le précédent, il n'avait pu se décider à se présenter dans le café.

Nous allons voir comment, et par qui, son absence fut signalée.

CHAPITRE IX

Dénonciation et arrestation.

Le soir même du jour où Bernard était allé à la Morgue, Blavier, mais Blavier méconnaissable, Blavier déguisé en vieillard, Blavier âgé de soixante-cinq ans au moins, se présentait au café Henri.

Il s'assit et commanda un bock.

On le lui servit.

— Est-ce que M. Bernard, demanda-t-il au garçon assez haut pour être entendu de tout le monde, ne vient plus ici?

A cette question, plusieurs habitués tournèrent la tête vers l'étranger.

— Si monsieur, répondit le garçon.

— Viendra-t-il ce soir?

— Je ne sais pas... c'est possible,... mais depuis quinze jours il ne vient plus ici aussi régulièrement que par le passé.

— C'est singulier ; car, pour lui, l'habitude est une seconde nature.

— Oui, appuya à mi-voix un habitué, c'est singulier.

— Et madame Bernard? fit Blavier.

Cette question fit sensation.

Ceux qui jouaient s'interrompirent, ceux qui buvaient s'arrêtèrent le verre à la main.

Le garçon regarda Blavier d'un air bête.

— Ne venait-elle pas ici, madame Bernard? reprit l'étranger.

— Si monsieur.

— Eh bien?

— Elle n'y vient plus.

— Pourquoi ça?

— Ah ! dame! fit le garçon, en ramenant brusquement un coin de son tablier à sa ceinture, je ne sais pas, moi, monsieur.

— Et depuis quand n'est-elle plus venue? reprit Blavier.

— Depuis plus de quinze jours, répondit un habitué impatient de prendre part à cette conversation.

— Oui, depuis le 4 novembre, appuya un autre.

Ce dernier avait compté les jours.

Tout le monde s'entre-regarda.

— C'est étonnant, fit Blavier, d'un air pensif et d'un ton bonhomme.

— Vous connaissez les époux Bernard, monsieur? lui demanda l'un des consommateurs.

— Oui, monsieur. Bernard, comme je vous le disais, pour l'habitude, pour la régularité est une horloge. Sa femme... voilà bien longtemps aussi que je ne l'ai vue...

Il laissa tomber ces dernières paroles d'une voix émue.

Il y eut un silence.

Puis, dans ce silence un soupir...

— C'était une femme bien portante, reprit un habitué, une brune réjouie. Elle venait autrefois tous les soirs ici.

— Vous en parlez au passé, monsieur, insinua Blavier, elle n'est pas morte que je pense.

— Sans doute, mais...

— Je crois savoir ce qui en est, moi, messieurs, dit la dame de comptoir.

« D'abord M. Bernard n'était pas marié.

— Ah!... Ah!... mais ils vivaient maritalement...

— Maritalement si l'on veut.

— Oui, dit le garçon, en ce sens qu'il la battait.

— Ah! Ah!... je l'ignorais.

— J'ai demandé des nouvelles de cette personne à M. Bernard, reprit la dame de comptoir, et il m'a dit qu'ils ne se voyaient plus.

— Mais alors, où est-elle? fit un de ceux, qui, le matin même avait été à la Morgue et qui avait cru reconnaître Maria, mais ne s'était pas arrêté à un vague soupçon.

« Elle est donc aussi disparue ?

Blavier se leva.

— Messieurs, je vous quitte, dit-il, je n'attendrai pas ce *monsieur* plus longtemps, je suis péniblement impressionné.

Et il se retira, comme un homme intimidé et inquiet se dérobe.

Alors, au café Henri, l'on ne se contint plus.

Le coup était porté.

La lumière se faisait.

Ces habitués si calmes d'ordinaire étaient en proie à une animation toujours croissante.

Plus de jeux, plus de repos.

Revenus de la Morgue avec des soupçons, ils les avaient naturellement repoussés ou tenus secrets, parce qu'il leur semblait abominable de penser qu'un homme qui s'était si longtemps assis sur les mêmes banquettes qu'eux, avec lequel ils avaient échangé souvent des propos tels qu'en tiennent d'honnêtes gens, qu'un habitué enfin eût pu commettre un crime, et quel crime !...

Mais ce passant avait débridé toute discrétion, rompu leur silence prudent, et accru tous leurs soupçons.

Cet étranger parti, la conversation était devenue bruyante, animée, générale et ardente.

Chacun apporta son observation, émit son avis. On tint conseil en groupe. On examina Bernard sous tous ses aspects ; on éplucha sa conduite et on finit par admettre qu'il était possible, sinon probable, que le cadavre de la Morgue fût celui de Maria et que l'auteur du crime fût Alfred Bernard.

— Alors que devons-nous faire ? demanda un des habitués en forme de conclusion.

— Notre devoir est tout tracé, messieurs, repartit un autre : agir selon nos convictions c'est-à-dire faire part à l'autorité de ce qui est à notre connaissance ; à savoir :

« La ressemblance de la femme coupée en morceaux avec une nommée Maria, maîtresse d'un sieur Alfred Bernard, et la disparition de la femme Maria depuis les premiers jours de novembre.

— Mais c'est une dénonciation, objecta timidement quelqu'un.

— Oui, mais cette dénonciation est un devoir. On n'a pas dépecé la victime pour rien. Je vais rédiger la lettre au chef de la sûreté ; la signera qui voudra.

Tel fut le résultat de la visite de Blavier au café Henri.

Personne, du reste, n'y revit le petit vieillard.

Blavier ne se grima de la sorte que pour cette fois-là.

CHAPITRE X

Visite inattendue.

Le lendemain vers midi, comme il se disposait à sortir, Bernard entendit frapper à sa porte.

— Tiens, se dit-il, c'est Blavier.

Il courut ouvrir.

C'étaient trois inconnus.

— Que désirez-vous, messieurs ?

— Monsieur Alfred Bernard ?

— C'est moi, monsieur.

— Je suis M. André, chef de la police de sûreté.

Un homme absolument innocent pâlit sous le coup d'une semblable surprise ; Bernard devint blême.

M. André savait trop son métier pour tirer grande conséquence de ce trouble.

Il dit poliment à Bernard :

— Je viens faire perquisition... Mais, remettez-vous, monsieur. J'ai auparavant quelques questions à vous adresser.

Les agents avancèrent des chaises, l'on s'assit. M. André reprit :

— Vous occupez seul ce logement ?

— Oui, monsieur.

— Mais il n'y a pas longtemps que vous l'habitez seul ?

Bernard, de plus en plus ému, évita le regard gênant du magistrat et garda le silence.

— Vous l'avez habité avec votre maîtresse ?

— Oui.

— Mademoiselle Maria ?

— Oui, monsieur.

— Où se trouve actuellement cette personne ?

— Elle m'a quittée.

— Depuis quand ? Donnez-nous la date exacte de ce fait.

— Depuis le 8 de ce mois. La veille nous avons eu une querelle ; elle est partie.

— Savez-vous où elle est ?

— Non, je l'ignore.

— Pouvez-vous nous donner quelque indication qui nous mette sur ses traces ?

— J'ignore absolument où elle est allée.

— Je vous déclare que l'on croit l'avoir retrouvée...

— Ah ?

— Ou du moins avoir retrouvé son cadavre.

« C'est celui de la femme assassinée, actuellement reposée à la Morgue. N'êtes-vous pas allé à la Morgue ?

— Oui, monsieur... Mais je ne l'ai pas reconnue.

— C'est bien.

Le magistrat procéda à une perquisition qui ne donna aucun éclaircissement.

On ne trouva que quelques objets de toilette insignifiants, qui avaient appartenu à Maria.

N'en fait pas qui veut. (Page 54.)

La police de sûreté a le plus grand souci de ne rien faire à la légère.

M. André ne trouvait pas de charges suffisantes pour conclure à l'arrestation de Bernard.

L'opinion publique est trop disposée à blâmer la police d'agir précipitamment pour que celle-ci n'apporte pas la plus grande réserve quand il s'agit d'une affaire aussi grave.

M. André et ses agents se retirèrent.

Bernard respira ; mais ce ne fut pas pour longtemps.

A peine l'attention publique fut-elle tournée sur lui que les gens auxquels il était le plus indifférent du monde prirent à tout ce qui le concernait un intérêt immense.

Chacun arriva avec son souvenir, son observation, sa révélation.

L'identité de Maria fut promptement constatée ;

De tous côtés affluèrent les renseignements les plus défavorables à l'examant de la victime.

Il avait vécu d'expédients peu délicats.

Il avait battu monnaie avec tout ce qui appartenait à sa maîtresse.

Les soupçons épars se condensèrent au-dessus de sa tête.

Il se promenait encore en fumant sa pipe, il était déjà un prévenu.

Il se sentait prisonnier.

Il n'eût osé se présenter au guichet de la gare du Nord ; Il n'y avait plus de départ pour lui.

Il n'allait plus au café Henri.

Il se sentait seul, mais accompagné à distance. Les passants lui étaient suspects.

Les journaux, qu'il aimait à lire autrefois, le révoltaient.

Il comptait les heures, les jours...

Et quand un matin, on frappa à sa porte, il savait qui.

Il ne demanda pas à M. André ce qu'il désirait.

— Monsieur Bernard, un mandat d'amener a été lancé contre vous, dit le chef de la sûreté.

— C'est bien, monsieur.

Et il suivit les agents.

Une demi-heure après il était à Mazas.

CHAPITRE XI

La veillée d'armes d'une escouade.

Il était plus de minuit.

A pareille heure à Montmartre, tout repose, et du boulevard Pigalle au sommet des Buttes un malheureux en proie aux horreurs de la soif ne trouverait pas un marchand de vin ouvert.

Cependant, cette nuit-là, dans un modeste caboulot de la rue Durantin, l'on veillait encore.

Les volets fermés, la recette comptée, le gaz baissé, le marchand et sa femme semblaient, renonçant à fermer complétement, attendre quelqu'un.

L'homme, dont le regard louche et l'impériale qui prolongeait son menton de sa longue touffe de poils gris dénotaient un *indicateur*, avait des allures inquiètes et mystérieuses.

Un *indicateur* est un homme établi (marchand de vin, cabaretier, restaurateur ou autre) qui sans être appointé par la police lui dénonce ce qu'il sait d'intéressant pour elle, moyennant prime.

Celui-là était un agent retraité.

Il allait du comptoir à la porte restée entr'ouverte, jetait dans la rue obscure un regard investigateur, puis revenait en grommelant :

— Ils ne viennent pas !.... c'est étonnant ! J'en suis pourtant avisé par la Préfecture.

— Il est tard, bâillait la femme, énorme matrone dont la fatigue injectait les yeux.

— Mais couche-toi, couche-toi donc ! répliquait le mari ; d'ailleurs, ta place n'est pas ici en pareille circonstance.

La femme se rendit à cette observation qui se conciliait du reste avec un sommeil accablant, et se retira chez elle.

Il en était temps, si elle ne devait point voir les hôtes mystérieux de cette nuit, car presque aussitôt le débitant, revenu à la porte, entendit un léger bruit dans le silence profond qui l'enveloppait.

Trois individus s'avançaient l'un derrière l'autre, à pas comptés. Ils étaient plus noirs que la nuit, de haute taille et, à la lueur du gaz, projetaient sur les murs d'énormes silhouettes.

En apercevant le rayon jaune qui, de la boutique, filtrait sur le trottoir, le chef de file, le plus grand des trois, s'arrêta en chuchotant :

— Attention ! C'est ici !

Le marchand de vin les reconnut et fit un pas sur le seuil :

— Entrez, messieurs, dit-il, il n'y a personne que moi.

Les trois personnages entrèrent, et comme le débitant allait fermer :

— Poussez seulement la porte, dit l'un d'eux, nous attendons un de nos camarades.

— Que faut-il vous servir, messieurs ? demanda le mastroquet. J'ai carte blanche de la Préfecture pour vos consommations ; vous n'avez qu'à parler.

Puis, s'arrêtant à les considérer.

— Ah ! bigre ! fit-il, vous êtes ce soir en grande tenue : le tablier de cuir d'ordonnance et des bottes !... quelles bottes !... Cirées !

— Oui, répliqua l'un d'eux, nous avons ciré nos bottes ; on ne nous prendrait jamais pour des vidangeurs. Nous nous sommes déguisés.

C'étaient en effet des ouvriers de la Compagnie Richer, mais des hommes d'élite, et les types les plus originaux de ces travailleurs nocturnes.

L'un, Carambole, robuste gaillard de six pieds, avait du dogue la physionomie brutale et le caractère peu endurant. Bon garçon, brave camarade, mais irritable et ombrageux.

Le second, Fleur-de-Nuit, également d'une force herculéenne, devait son surnom à son teint fleuri et à cette douceur aimable qui est la grâce de la force.

Le premier était un Breton, un rejeton de la forêt celtique.

Le second un Flamand sentimental et débonnaire.

Quant au troisième, Mèche-de-Feu, il était de Picardie, province où l'on passe pour avoir la tête près du bonnet.

Moins fort que ses compagnons, mais d'une vigueur respectable, il était bien connu pour ses malices sournoises et les explosions de colère qui hérissait sur son front des mèches d'un rouge ardent comme des flammes.

Les trois ouvriers prirent place autour d'une table de marbre.

— Servez-nous du cognac et quatre verres, dit Carambole.

Le mastroquet déposa sur la table les consommations demandées et tous trois trinquèrent sans oublier de choquer leurs verres à celui de l'absent.

— Et cet animal de Fine-Oseille qui ne vient pas ! grommela Carambole en reposant son verre.

« Que fiche-t-il donc ? ce feignant là !

— Fine-Oseille, n'est pas un feignant, dit Mèche-de-Feu. C'n'est pas parce qu'il est mon ami, que je dis ça mais c'est un garçon capable et qui ne boude pas à la besogne. Je réponds de lui.

« D'ailleurs, reprit-il, écoutez... j'entends quelqu'un dans la rue. Le voilà.

Comme il disait, la porte, doucement poussée, livra passage à un jeune homme dont la petite taille, le visage imberbe et l'air fûté faisait un piquant contraste avec les géants de sa profession. Fine-Oseille était le parisien de l'ancienne banlieue, travailleur et noceur, et à qui sa casquette jetée en arrière et ses acroche-cœurs gardaient encore quelque chose du pâle rayon des barrières.

— Enfin ! s'écria Carambole, arriveras-tu, feignant !

« D'où que tu viens comme ça ?

— Mais, dit Fine-Oseille, j' viens de mon travail.

— Ton travail ! Elle est bonne, celle-là !

— J' viens d' coller les petites affiches de l'Ambigu dans les pissotières du boulevard.

— Et t'appelle ça un travail, toi ! Coller des bouts de papier dans ces endroits-là !... Moi j'appelle ça un métier déshonorant.

— Ne l'esbrouffe pas, dit Fleur-de-Nuit avec douceur, ce garçon n'est pas encore reçu compagnon et il a besoin de se faire quelques sous.

— Enfin ! se récria Carambole, regardez-moi sa tenue.

— Qu'est-ce qui me manque ? répliqua Fine-Oseille ; des gants ?

— Ne t'avait-on pas averti, reprit Carambole, que nous devions venir ici sans bruit et sans nous faire connaître. Aussi, vois un peu : nous nous sommes déguisés.

Et Carambole se planta fièrement devant Fine-Oseille.

— Nom de nom ! fit ce dernier, vous avez ciré vos bottes. Tout de même, ça change un homme !... Mais où allons-nous donc cette nuit ?

— C'est bon, répondit Mèche-de-Feu, assieds-toi là, bois ta goute et pas de questions indiscrètes.

— C'est donc un secret ?

— Oui, on te l'a déja dit.

— Tu as tout de même de la chance ; reprit Fleur-de-Nuit, que M. l'inspecteur n'est pas arrivé ici avant toi.

Et tirant sa montre du bout des doigts avec une délicate précaution professionnelle.

— Il est près d'une heure, ajouta-t-il.

— Tiens, s'écria Fine-Oseille, il a une toquante !

Carambole sourit d'un air dédaigneux, et tirant sa montre à son tour :

— Chacun de nous a sa toquante, dit-il.

— Bigre ! Quel chic !

« Je m'en paierais bien une... à l'œil.

— Oh ! mon Dieu, c'est bien simple, dit Fleur-de-Nuit en riant dans sa barbe noire ; et tu en auras une comme nous plus tard.

— Comment cela ? demanda Fine-Oseille avec vivacité.

— Tu en trouveras une, comme ça nous arrive à tous.

— Vous avez trouvé les vôtres ?

— Oui.

— Et vous les avez mises en poche.

— C'est-à-dire au bout d'un an, si personne ne la réclame, la montre est à qui l'a trouvée... mais une toquante d'argent, ça ne se réclame pas.

— Ce n'est pas, dit Mèche-de-Feu, comme pour une montre d'or, ou une tabatière de vermeil.

— On trouve donc bien des choses dans les fosses, demanda le surnuméraire vidangeur.

— Parbleu ! répliqua Fleur-de-Nuit ; tout ce qui se digère et même tout ce qui ne se digère pas ; de l'or, des bijoux. Tu verras quand tu travailleras chez des richards, quand tu iras... dans le monde.

A cette énumération le regard de Fine-Oseille s'alluma de convoitise. Il dit :

— Si j'en trouve une, moi... je *la carre dans ma profonde*. (Je la mets dans ma poche.)

— Si tu faisais ça, dit Fleur-de-Nuit, tu fournirais à Carambole l'occasion de te donner une danse soignée.

Fine-Oseille jeta un coup d'œil inquiet sur le colosse.

— Jamais, ajouta l'aimable vidangeur, qui surprit ce regard, jamais aucun objet n'a été détourné par l'un de nous. La probité, c'est la propreté de la conscience. Et nous tenons à celle-là ; ce n'est pas l'affaire d'un coup de savon !

— Et puis ce n'est pas tout, ajouta Mèche-de-Feu, on encourage l'honnêteté : il y a quelquefois des récompenses, comme par exemple pour la bague de la comtesse de Verneuil.

— Quelle bague ? demanda vivement Fine-Oseille.

— Oh ! c'est une histoire !

— Conte-la.

— Mais les camarades la connaissent ; puis, ajouta Mèche-de-Feu avec son méchant sourire, il y est question de Cerf-Volant, un ancien ami dont Carambole n'aime pas qu'on parle ; ça lui fait d' la peine.

— Vas-tu m'embêter ? gronda le géant, tiens ta gueule ou j' te crève !

— Allons ! Allons ! fit doucement Fleur-de-Nuit. Laisse-le dire. C'est pour le bien. Il faut que le jeune homme profite de l'exemple de Cerf-Volant. Raconte-lui l'histoire, Mèche-de-Feu.

— Eh bien donc, reprit le Picard, un jour la comtesse de Verneuil, une belle femme de la haute, perdit sa bague, et après l'avoir cherchée partout, elle pensa qu'elle était tombée dans les lieux.

— Comment ça ? demanda Fine-Oseille d'un air fier. Est-ce que ce serait en...

— Est-il bête avec ses questions ! fit le narrateur impatienté en coupant la parole à Fine-Oseille. Moi, quand je raconte, je n'aime pas qu'on m'interrompe, ça m'oblige toujours à recommencer.

« Comment elle a perdu sa bague ? je l'aurais bien dit ; elle portait sa bague à la main gauche et alors ce n'était donc pas... elle a perdu sa bague en...

— Bon, bon, dit Fleur-de-Nuit, va toujours, c'était en se savonnant les mains, la bague était restée dans la savonnade et la femme de chambre l'avait jetée aux lieux.

— Justement, dit Mèche-de-Feu. — Je recommence. Un jour donc que madame de Verneuil s'était lavée les mains, elle perdit sa bague, et quelle bague ! Un diamant de vingt-mille francs ! Ces femmes du monde, c'est étourdi... on n'a pas idée de ça. Faut dire aussi que le concierge nous a expliqué qu'elle avait une raison particulière pour se laver les pattes et une autre raison plus particulière encore pour se dépêcher. Dans ces moments-là... enfin... suffit... On n'en finirait pas s'il fallait tout dire... On lui conseilla de faire vider la fosse. Tout s'y retrouve qu'on lui dit, seulement ça demandera un rude travail, promettez une récompense.

« Aussitôt que M. Richer eut connaissance de la chose, il fit appeler M. l'inspecteur. (Un petit grêlé, justement celui qui nous dirige aujourd'hui.) Il le chargea de composer une escouade des hommes les plus adroits et les plus sûrs. M. l'inspecteur choisit Fleur-de-Nuit, Carambole, Cerf-Volant et moi.

« Voilà qui est bien.

« Alors... Oh ! je vivrais cent ans que je me rappellerais toujours la séance que nous avons faite dans l'hôtel de Verneuil. Ces choses-là se sentent, mais ne se racontent pas.

« On nous avait donné, cette nuit-là, de gros tamis fabriqués exprès. Tout y passa ; et la bague ne fut pas retrouvée !

« Nous avions travaillé tout nus sous les yeux de M. l'inspecteur, du concierge de la maison, du valet de chambre et de deux agents.

« Impossible, pas vrai, de nous accuser d'avoir triché.

« Enfin, nous sortons de la fosse, nous nous habillons et on nous annonce qu'une dame va venir savoir ce qui en est.

« Nous nous tenions tout honteux derrière M. l'inspecteur quand la femme de confiance de la comtesse s'avança sur le palier, et s'adressant à notre chef :

« — Eh bien, monsieur ? demanda-t-elle.

« — Rien, madame. Nous n'avons rien trouvé.

« — Alors, plus d'espoir ?...

« — Pardon. Les matières seront de nouveau examinées au dépotoir. Là, en opérant la division, on retrouve jusqu'au moindre objet, un bouchon, un fêtu de paille.

« — Désolée, monsieur, reprit la dame, de la peine inutile que vous avez prise, mais permettez-moi au moins de vous remettre à chacun une légère gratification.

« Elle donna vingt francs à M. l'inspecteur et cinq francs à chacun de nous.

« Il était tard, on s'en retourna... excepté l'un de nous, cependant.

« Ce quelqu'un-là, c'était Cerf-Volant.

— Cerf-Volant ! soupira Carambole.

— Oui, fit Fleur-de-Nuit. Un si bon zig, un si bel homme,.. Comme Carambole, soit dit sans le vexer. Qui de nous aurait pu, dans cet homme-là, soupçonner un traître ?... Il trahissait pour une femme !

— Oh ! les hommes ! les hommes ! fit Carambole.

— Les femmes ! les femmes ! gémit Fleur-de-Nuit.

— Mes amis, reprit Mèche-de-Feu, c'est les femmes qui ont perdu Cerf-Volant ; il en tenait pour une personne qui lui coûtait gros, une femme chic, une concierge de la rue Miroménil à qui il fallait du luxe, même qu'il lui a payé une pendule de 47 francs.

« Donc, pour en revenir, Cerf-Volant retourna sur ses pas et demanda la dame de confiance au concierge.

« Il prétendit qu'il avait un conseil à donner.

« On le reçut.

« — Que désirez-vous, mon ami ? demanda la femme de confiance.

« — J' voudrais savoir, madame, répondit-il, si la récompense tient toujours.

« — Certainement, mon garçon. Auriez-vous retrouvé ma bague?

« — Et si je l'avais retrouvée?

« — Je vous donnerais les cinq cents francs promis.

« — Vous les avez sur vous?

« — Oui.

« — Vous ne devez rien à personne.

« — Non.

« — Eh bien! je l'ai trouvée. Mais, donnant, donnant.

« La dame tira son porte-monnaie, guignant mon homme du coin de l'œil.

« Elle montra des billets.

« Et mon Cerf-Volant, enfonçant le doigt dans un coin de sa bouche, en retira la bague :

« — Voilà! dit-il.

« Elle était nette comme en son neuf et la dame la prit sans répugnance.

« Cerf-volant avait glissé la bague dans son bec de cormoran en faisant mine de se frotter la moustache...

— Quel vice! dit Fine-Oseille. Mais il n'était pas dégoûté de la mélasse, celui-là.

« Et la dame donna les cinq cents francs?

— Hélas! oui. Et il les empocha, mais ça ne lui a pas porté chance! Sa maîtresse lui a vidé les poches, un jour qu'il avait bu, pour tuer son remords.

« D'autre part, le concierge, qui se méfiait, le dénonça.

« Appelé devant ses supérieurs effectifs, il n'a pu nier et a été honteusement f...ichu à la porte. Où est-il tombé?... plus bas que terre!... De vidangeur qu'il était... il est devenu égouttier!

— Entends ça, gamin! fit Fleur-de-Nuit en s'adressant à Fine-Oseille.

— Parlez pour vous, répliqua l'aspirant vidangeur. La morale s'adresse aussi bien aux amants de Boule-de-Suif et de Fanchon-la-Ravigotte.

Le trait porta, Fleur-de-Nuit sourit, mais Carambole protesta sa mauvaise humeur :

— Nous au moins, nous avons des *gonsesses* (femmes) dans nos moyens, des filles pas fières qui ne demandent pas de pendules!

— Peut-on voir ces dames? demanda Fine-Oseille d'un air gouailleur.

— Il y a aujourd'hui, insinua Mèche-de-Feu, permission de nuit aux *Vidanges de Bourgogne*. Ces dames y attendent nos camarades; si tu veux voir leurs *menesses* (maîtresses), viens avec nous au bal.

— Oui, dit Carambole, la Ravigotte m'y attend; comme nous devons toucher une gratification. On se permettra une noce et je ne crains pas de montrer Fanchon. C'est la reine du bal; mais si tu y touchais...

— On ne touche pas à la reine! dit hypocritement Fine-Oseille, qui savait son théâtre.

Les faux chiffonniers.

— Chut! fit Fleur-de-Nuit. Quelqu'un vient. C'est sans doute M. l'inspecteur.

Comme il disait, la porte fut doucement poussée et un employé en uniforme entra dans la salle. Les quatre ouvriers se levèrent et portèrent respectueusement la main à leur casquette.

— M. l'inspecteur, dit Fleur-de-Nuit, nous fera-t-il l'honneur de prendre quelque chose avec nous?

M. l'inspecteur fronça le sourcil; ce n'était pas le premier venu : inspecteur d'abord, homme instruit ensuite.

7   7

— Pas de familiarité! dit-il d'un ton sévère.

Le mastroquet qui apportait un verre s'arrêta interdit.

— Sauf votre respect, monsieur l'inspecteur, reprit Fleur-de-Nuit en douceur.

— Soit, répondit le fonctionnaire, un chef en certaines circonstances doit se mettre à la portée de ses subordonnés.

Le mastroquet servit son verre et l'on trinqua.

— Messieurs, reprit l'inspecteur d'un ton solennel, le moment est venu de remplir la mission qui nous a été confiée. Une importante gratification est attachée à son accomplissement.

— Et cette fois, dit Mèche-de-Feu, Cerf-Volant n'est pas des nôtres.

— Ah! s'écria l'inspecteur, Cerf-Volant! Chassons ce pénible souvenir. Il m'a fait perdre deux cents francs pour ma part!

Il acheva son verre et ajouta :

— Venez donc, messieurs, suivez-moi sans bruit. Nous devons passer dans les rues sans être remarqués, incogniti... (Il savait le latin!)

Il sortit, les quatre employés le suivirent.

Un d'eux portait sur son épaule un large panneau de chêne dont la destination lui était encore inconnue. Ils observaient un silence profond, marchaient avec des égards extraordinaires pour l'affreux pavé de Montmartre, et comme pour cette solennité ils avaient ciré leurs bottes, — nous l'avons dit, — ils étaient certains de passer incognito.

Mais un homme, caché dans une allée les observait, c'était Blavier.

CHAPITRE XII

Conférence.

Les magistrats cependant étaient perplexes.

M. André se rendit chez le juge d'instruction afin de lui soumettre à la fois ses soupçons et ses doutes.

La police régla son ardeur et agit avec circonspection.

Le juge d'instruction fit à M. Adré un accueil bienveillant; il partageait ses scrupules.

— Je crois, monsieur, dit le chef de la sûreté que nous tenons un des coupables; mais cependant aucune preuve matérielle n'existe encore à la charge de Bernard.

— Sans doute, répondit le juge, on ne peut rendre un homme, sans preuve matérielle, responsable des malheurs arrivés à une femme qu'il a quittée. Un soupçon ne suffit point à autoriser les rigueurs de la prévention. Nous devons donc redoubler d'ardeur dans nos investigations.

— Et redoubler de prudence, fit M. André, car nous devons supposer l'existence d'un complice et craindre de l'effrayer.

— Que comptez-vous faire ? demanda le juge.

— D'abord vider les fosses d'aisances de la maison Bernard.

— Très-bien ! Mais cette opération ne peut se faire sans que le public en soit instruit, sans que le complice ne s'en doute, si complice il y a. D'autre part, si l'on ne trouve rien dans ces fosses, l'opinion publique a une présomption en faveur de Billoir et l'on demandera peut-être un élargissement.

« Vous savez combien, malgré notre excès de prudence, le public se passionne vite contre la police et combien il est disposé à l'accuser d'excès de zèle et de maladresse !

M. André sourit avec finesse.

— J'y ai songé, monsieur, dit-il, et je crois pouvoir éviter ce danger. Les reporters des journaux et le public s'occupent déjà trop de nous.

— Faite-donc, conclut le magistrat ; la police doit être à la fois circonspecte et zélée, autrement, elle serait pour la justice une auxiliaire dangereuse.

Sur ces paroles, ces messieurs se séparèrent.

M. André manda un inspecteur de la salubrité, lui donna des ordres, et cette nuit même s'accompliront les recherches étonnantes que nous allons raconter.

CHAPITRE XIII

Fonctionnaire public, fonctionnaire privé.

Vers une heure du matin, M. André, suivi d'un brigadier de son service et de deux agents, se présentait chez le concierge de la maison Bernard ; il était introduit dans la loge.

Tout le monde dormait dans la maison.

— Monsieur, dit M. André au concierge, je me suis entendu avec le propriétaire ; vous avez dû recevoir des ordres, je vais faire ouvrir votre fosse d'aisances, non pour la faire vider, — car je tiens avant tout à ce que ma démarche reste ignorée du public, — mais pour la faire visiter.

« Depuis quand cette fosse a-t-elle été vidée ? demanda-t-il.

— Depuis le mois d'octobre.

— Par conséquent avant le départ de la femme Bernard?

— Oui, monsieur, répondit le concierge.

— D'après ce que m'a déclaré le propriétaire, reprit M. André, la fosse est au fond d'une cave ; on peut donc y travailler sans être entendu des locataires de la maison ?

— Les vidangeurs, fît le concierge, seront comme dans un puits ; on n'entendra rien de rien. Je vais fermer la porte du premier caveau et ils tireront sur eux celle du second ; personne ne les dérangera.

— Si un locataire avait cependant besoin de descendre à sa cave...

— Monsieur, dit le concierge en se drapant, je le menacerai de lui donner congé.

M. André sourit ; il savait que les concierges font la police des maisons avec un despotisme qui amènerait des révélations si la police des gouvernements s'exerçait avec autant d'arbitraire.

Tel se laisse vexer par son pipelet qui descendrait dans la rue et ferait émeute pour des griefs beaucoup moins grave contre l'autorité.

Rassuré du côté des locataires, M. André dit au concierge :

— J'attends les vidangeurs ; c'est une escouade d'élite, commandée par un inspecteur de la salubrité dont on est sûr ; mon brigadier va descendre dans la fosse avec les travailleurs ; mes deux agents se tiendront à portée. Veuillez introduire les vidadgeurs à mesure qu'ils se présenteront ; ils viendront deux à deux.

— Très-bien, monsieur.

— Vous n'oubliez pas les gratifications de liquide ?

— Non monsieur.

— Maintenant, je m'en rapporte à votre zèle ! dit M. André.

Et il attendit, sûr de ses subordonnés et du dévouement du concierge.

CHAPITRE XIV

Qui porte bonheur...

Avec des précautions exagérées, l'escouade d'élite était entrée dans la maison.

Le concierge avait reçu les vidangeurs avec tous les égards dus... à leur profession.

Il avait conduit l'escouade, son inspecteur, le brigadier de la sûreté et les deux agents dans la cave.

L'opération commença.

Le lecteur comprendra que certains détails nous sont imposés ici par le sujet même de notre récit, et l'intérêt qu'ils présentent l'emporte sur ce qu'ils paraissent avoir de répugnant à des esprits superficiels.

En toutes choses il faut considérer la fin.

Dans l'engrais, voyons la moisson blonde, et nous prendrons notre part de cet entrain, de cette gaieté, sans lesquelles on ne saurait faire de bonne besogne et qui ne cessent d'animer les employés des pompes nocturnes.

L'escouade, commandée ce soir-là pour éclairer la justice, est particulièrement joyeuse.

C'est aussi que pour cette opération on a choisi les hommes d'élite que nous avons présentés au lecteur ; on leur a distribué des rations d'un cognac extra.

Le litre a circulé de lèvres en lèvres, à la régalade.

M. l'inspecteur, qui a sa fiole à part, a bu sa gorgée.

Le brigadier de la sûreté et ses agents, simples spectateurs, gens sobres, n'ont pas participé à cette gratification. M. André connaît son personnel, et il sait que, pour le moment, ses agents directs tiennent plus à l'honneur de découvrir des preuves qu'à faire libation.

Le travail commence.

Il s'agit d'une opération d'un genre tout nouveau.

On va explorer la fosse et en examiner le contenu sans en emporter rien dehors.

La fosse a deux mètres carrés.

On prend les mesures de désinfection usitées, puis on la divise en deux parties à l'aide d'une épaisse cloison de chêne.

Le plan de l'inspecteur consistait à vider un de ces compartiments séparés en transvasant liquide et solide de l'un dans l'autre ; puis, cette première partie de la besogne terminée, il s'agissait de vider le compartiment plein dans le vide, en examinant chaque écuelle de matière.

La fosse était désinfectée, les compartiments étaient étanchés, l'inspecteur se tourna vers le brigadier de la sûreté qui se tenait sur un échelon hors d'atteinte.

— Collègue, lui dit-il.

— Hein... collègue ! fit le brigadier en faisant un haut-le-corps.

Il était humilié d'avoir un égal en grade dans ce métier.

— Certainement... collègue !... fit l'inspecteur ; vous avez des préjugés et c'est un tort ! Notre partie a ça de bon qu'elle porte bonheur. Les gens les plus distingués sont heureux de marcher dans la mer... melade. Ah ! si nous étions des égouttiers, vous pourriez faire la petite bouche ; c'est de la saleté sans compensation ; l'égouttier n'est qu'un balayeur de sales ordures, de pourritures de toute espèce ; le vidangeur ne travaille que dans la pâte humaine, dans ce qui a fait partie de nous, il n'y a pas à *le blaguer*... A cette heure, vous qui faites le dégoûté, vous en... contenez. Vous n'êtes, mon *cher collègue*, qu'un baril de vidange animé. Un père de l'Église,—

j'ai fait mes classes au séminaire — appelle l'homme : saccus stercorum (un sac de merde).

Et l'inspecteur, t endant sa gourde au brigadier, lui demanda :

— En usez-vous?

— Merci! fit le brigadier.

— A votre aise!

L'inspecteur but un large coup, pendant que son escouade le regardait avec admiration ; il avait si bien vengé la profession des préjugés dont elle est l'objet !

— Maintenant, messieurs, dit l'inspecteur, nous allons procéder à l'épuisement de l'un des côtés par un transvasement lent et méthodique. Du cœur à l'ouvrage ; ce sera bien payé.

« Que chacun prenne une écuelle et puise dans le potage avec précaution, sans tacher la nappe.

« Voici les baquets où vous verserez, sous les yeux de la justice !

« Attention! Deux hommes ici et deux là. Marchez.

— Oh! ça va être rigolo, ce nouveau genre, dit Fleur-de-Nuit en enfonçant sa tasse.

— Mes enfants, dit Carambolé, c'est du travail facile, c'est tout mâché.

— Quelle belle liquidation !

— Pouah! fit le brigadier en cherchant un flacon de lubin dans ses poches et en se reculant de trois échelons.

— C'est joliment clair! reprend Fleur-de-Nuit en laissant tomber le liquide par mince filet. On y trouverait un cheveu.

— Un cheveu! murmura un agent. Ah! ce serait déjà quelque chose!...

— Ah! ppsutt! fait le brigadier éternuant et en se fourrant du tabac à priser dans les narines.

— Vous trouvez donc que ça pue!... lui dit Fleur-de-Nuit. Mais ce n'est rien, ça. C'est de la chose de pauvres bougres, de la légume... Qu'est-ce que vous diriez donc des perdreaux truffés et des foies gras, des fines épices des grands seigneurs!

« Moi, rien qu'au flair, j'innocenterais les gens de la maison.

« J'ai ma manière de juger le monde ; et ça, regardez, messieurs...

Et il versa lentement son écuelle dans le baquet, objet de l'attention de la police.

— C'est de la chose d'honnêtes gens. N'en fait pas qui veut!

Chaque seau de matières fut ainsi soumis à un examen attentif.

Cette opération terminée pour une des parties de la fosse, on la renouvela pour la seconde, après avoir calfaté les jointures de la cloison et avoir ensuite rendu à leur récipient tout ce qui avait été examiné.

Avant d'aborder la seconde partie, il y eut un entr'acte.

Et le litre à son tour fut mis à sec.

Ces braves gens reprirent leur travail avec cette jovialité grasse, cette joie innocente qui semble un privilége d'état.

Sans la présence de M. André, ils auraient entonné ce chœur de Clairville :

« Soutiens de l'agriculture,
« Braves vidangeurs!... »

Mais ces messieurs de la Préfecture étaient là, graves, presque sombres, à la recherche de la vérité.

— On dirait, chuchotait un des travailleurs, qu'ils la dévorent des yeux.

En fin de compte, l'œuvre étrange s'avançait, les écuelles raclaient déjà le fond de la seconde cloison de la fosse et sans en ramener le moindre objet suspect, sans produire la moindre découverte.

— Rien! fit M. André avec découragement.

Puis, s'adressant aux gens de M. Richer :

— Messieurs, leur dit-il, en vous employant, nous comptons sur votre discrétion. En sortant d'ici, oubliez ce qui vient de se passer. N'en parlez jamais. C'est un important secret qui doit rester entre nous.

Puis il ajouta :

— Que l'un de vous monte en voiture avec moi, sur le siége, à côté du cocher ; je lui remettrai les gratifications à la Préfecture.

— Va z-y, toi! dit Fine-Oseille à Carambole. Nous t'attendrons *aux Vidanges de Bourgogne.*

Carambole se glissa sur le siége ; M. André monta dans la voiture.

Fine-Oseille poussa Mèche-de-Feu du coude en lui disant :

— Ça y est ! Fanchon-la-Ravigotte ne le voyant pas venir, nous lui monterons le coup qu'il est saoul et nous enlèverons la *gonsesse* (femme).

Mèche-de-Feu mit sa main sur son estomac et s'écria ému d'espoir :

— Tais-toi, mon cœur !

Et les vidangeurs, moins Carambole, prirent le chemin du bal. En route, rencontrant un cocher, ils réquisitionnèrent sa voiture ; comme il faisait des difficultés, ils le battirent et il fut forcé de les conduire.

De cette expérience il résultait un échec pour la police.

Les agents se retirèrent en se disant : « Si Bernard a découpé chez lui sa maîtresse, qu'a-t-il fait des entrailles, du cœur, du foie?... Qu'a-t-il fait des cheveux?... »

Mais d'autres qu'eux attendaient avec une curiosité anxieuse le résultat de leurs recherches.

On n'a pas oublié Blavier et l'assassin aux gants noirs?...

Si la police a pour mission de surveiller les scélérats, ceux-ci de leur côté épient les démarches de la police.

Nous le verrons bien tout à l'heure. En attendant, suivons nos travailleurs de la fosse qui, pour se délasser de leurs fatigues, ont dépouillé leurs vêtements de travail et retiré leurs bottes énormes pour achever la nuit au bal.

CHAPITRE XV

Les Vidanges de Bourgogne.

Cet établissement de bal dont l'enseigne annonce la clientèle est situé tout en haut de Belleville, sur un des grands chemins qui conduisent aux docks de Bondy les gros tonneaux dits inodores.

Entrons, c'est par cette allée dont le mot BAL en lettres de feu domine l'entrée.

L'allée nous conduit à une cour qui elle-même sert de vestibule à la salle de danse.

Le piston jette sa fanfare au-dessus des grincements du violon et des ron-rons des violoncelles?

Le municipal, comme une statue de la pudeur armée, est debout immobile sur le seuil.

Dans la salle on étouffe et l'air qui vous arrive en entrant ferait croire à une explosion de gaz.

Le long des murs des tables garnies de consommateurs, au milieu le corps de ballet exécute des pas variés.

Nous ne parlerons plus de l'orchestre auquel on s'habitue vite et qu'on finit par ne plus entendre.

La clientèle se compose de gens relativement comme il faut, puisque les *biffins* (chiffonniers) n'y sont pas reçus.

A peine les égouttiers y ont-ils droit de cité ; on les y tolère.

Messieurs les vidangeurs sont de la *haute* dans cette société.

Les tondeurs de chevaux leur disputent la palme de l'élégance ; il y a souvent des rixes entre eux.

Du reste la clientèle exige du luxe et de la propreté.

Des garçons frisés comme des garçons coiffeurs, plus beaux que chez Tortoni, et dont le linge est si blanc et si roide qu'on dirait du zinc peint, courent aux quatre coins de l'horizon avec des plateaux chargés de bouteilles et de verres.

Quelle noce, mes enfants !

Sur les toits.

A une table nous reconnaissons le brave Fleur-de-Nuit qui débite entre deux bouffées de sa pipe un tas d'énormités à une grosse blonde que des rivales maigres ont surnommée Boule-de-Suif.

L'enfant essuie du revers de sa main le dernier rubis de ses lèvres :

— C'est tout c' que tu payes ? dit-elle.

Et Fleur-de-Nuit, bon garçon, se fend d'un litre à douze.

Une autre femme, Fanchon-la-Ravigotte, attire sur elle les regards des *tendeurs* (amateurs de jolies filles) de toute la salle.

Fanchon-la-Ravigotte est admirée par tous ces porte-bonheur de la fosse, mais elle se consume dans l'attente, elle, une des plus recherchées, une des plus enviées entre les reines du bal...

Carambole, son cher seigneur, Carambole, le plus beau, le plus fort des pompiers inodores, la fait attendre ce soir.

Ah! s'il voyait pourtant rôder autour d'elle ce renard de Fine-Oreille et ce dogue de Mèche-de-Feu.

Fanchon a déjà accepté un cigare et trois petits verres.

Ainsi se compromet la vertu d'une jeune femme.

Tandis que l'un des tentateurs lui murmure :

— Tu vois bien qui n'viendra pas. Y sera tombé d'dans, l'gros malin. Y s'y est pris les pieds. Va, fais-moi une place dans ton cœur. Dis ce que tu veux,. et j't'emmène.

Elle tient ses regards attachés sur la porte d'entrée.

— Voyons, dis-moi donc qu'tu m'aimes.

— Oui, fait-elle avec impatience, mais pas tout de suite !...

Au même instant un incident se produit ; une voix hurle à l'entrée :

— Ohé ! les malins ! ohé ! !

A quoi répondent de tous côtés les cris :

— A la porte le gueulard ! à la porte !

On n'aime pas les esbrouffeurs.

Mais le nouveau venu s'élance en chahutant d'un air crâne.

C'est un petit bout d'homme et il tient une place immense par le mouvement qu'il se donne.

Ses bras touchent le ciel, et ses jambes ne touchent le sol que pour rebondir.

Quels muscles, quels ressorts !

Voilà une entrée !...

Les connaisseurs en sont épatés.

Des femmes se demandent son nom.

Personne ne le trouve.

Inconnu !

Son nom?.... On le demande à un habitué de la salle Favier !... à un autre du Vieux-Chêne !...

Inconnu, l'homme ! Inconnu.

Le municipal le dirait peut-être...

On le questionne avec déférence.

Il répond d'un air protecteur, mais étonné :

— Connais pas !

— C'est Bondy, qui s'appelle, dit une jeune personne qui veut avoir l'air de savoir.

— C'est pas vrai, dit une autre, c'est Mouton.

— Moi, dit une troisième, j' l'ai déjà vu ailleurs, on l'appelait *l'allumé.*

— Pas vrai ! protestèrent des voix.

En réalité, c'était... Blavier déguisé.

Jamais, en cet animal-là, on n'eût pu reconnaître l'ami intime de Bernard. Sans parler du buste maigre moulé dans un veston de mastroquet; ce n'était pas cette tête, cette broussaille de cheveux rouges sur laquelle voltigeait la casquette comme une mouche noire, ni ces yeux bordés de rouge, comme ceux d'un terre-neuve enragé.

Pourquoi ce déguisement?

En venant au bal, il avait un but, à coup sûr : il voulait savoir ce qu'on avait trouvé dans la fosse.

Il avait son plan et il se donnait des airs d'épateur.

Cet irrésistible s'était fait place cependant, et du pas d'un simple mortel marchait droit à la table de Fanchon-la-Ravigotte.

La petite le vit venir.

— Qu'est-ce qu'il lui faut, à ce muffle-là? dit-elle à ses adorateurs.

— Eh! c'te p'tite Fanchon, fit l'homme en la crêpant d'une main familière.

— Ah! dites donc!...

— As-tu fini, toi? gronda Mèche-de-Feu.

Fine-Oseille se leva pour prendre une attitude menaçante et perdit sa chaise, dont l'inconnu s'empara aussitôt, aux applaudissements de la galerie.

Puis d'une voix tonnante :

— Garçon! un vin chaud!

Deux garçons accoururent.

— Voilà, monsieur!

— Le saladier et la bouteille! La bouteille cachetée et versée sous mes yeux. On ne refait point papa avec le lit' à douze préparé à l'office.

Les vidangeurs étaient abrutis de surprise par ces façons-là.

Quel était donc l'audacieux qui les bravait par des façons de casseur?

Tant d'audace les étonnait; mais ils devaient être plus gravement insultés.

L'homme non-seulement s'asseyait à leur table et y commandait; mais il ne voulait pas boire avec eux.

Il montra les consommations des vidangeurs aux garçons :

— Enlevez ça, fit-il en jetant bas d'un revers de manche les trois petits verres.

Alors Mèche-de-Feu n'y tint plus; c'était trop d'insolence.

On vit son œil jeter du feu, sa haute taille se courber, son cou rentrer dans ses épaules, ses bras s'arrondir devant sa poitrine :

— J'vas t'crever! j'vas t'crever! gronda sa voix caverneuse.

L'inconnu ne paraissait pas s'émouvoir.

Le vidangeur avait pris du champ, prêt à lui tamponner la poitrine.

Il s'élançait...

Mais le malin l'évita, bondit, et d'un coup de savate l'envoya rouler à dix pas.

— Déraillé ! cria-t-il triomphant.

Mèche-de-Feu se ramassa dans un pêle-mêle de tabourets et de plateaux de consommations.

Blavier s'assit alors crânement en face de la Ravigotte émue et charmée, mais encore hésitante.

— Garçon, ce vin chaud ! reprit le vainqueur.

Et, comme cela se passe de lions à lionne, il se pencha tendrement vers sa conquête et lui dit d'une voix douce :

— Hein !... La Ravigotte, quand ton Carambole, ce propre-à-rien, en recevra autant sur la gueule... Hein ?... Te sentiras-tu pas quéque chose pour le mâle qui aplatira ce feignant de Carambole ?

« Au dépotoir ton meg !

— C'est bon, fit la Fanchon, qui voulait savoir la fin avant de se prononcer, il va venir tout à l'heure. Nous verrons ça.

— Qu'il vienne donc ! j' l'enverrai bouler dans sa marchandise, dans sa revalescière des champs.

Cependant le garçon versait.

Et autour d'eux on se disait :

— Ah ! ah ! C'n'est pas fini, nous allons voir ça tout à l'heure avec Carambole.

Blavier victorieux donnait ses soins au saladier de vin demandé.

— Garçon !

— Monsieur ?

— Tu vas mettre là-dessus de la fine-champagne pour le réchauffer. Il faut qu'ça flambe.

— Oui, monsieur.

— As-tu plus fort que de la fine-champagne ?

— Plus fort que d'la fine-champagne ! fit le garçon.

« Oui, monsieur. Mais ce ne serait pas assez distingué pour un homme comme vous. Ce s'rait du coupe-figure, du sacré chien.

Un geste de la Fanchon avait distrait Blavier ; il crut entendre : sacré nom d'un chien ! Il s'écria :

— Sacré quoi ? pas d'insolence !

— Je n'dis pas d'insolence à monsieur ; certainement je n'me permettrais pas...

Alors la Fanchon de sa voix carameleuse :

— Ah ! voyons ! toujours des disputes. L'garçon est convenable ; sois convenable.

Et ils se mirent à boire, lui marivaudant en argot, elle se défendant mal de ses galanteries.

Bien différent était le tête-à-tête de Fleur-de-Nuit avec la femme de son choix.

La plus parfaite union régnait entre lui et Boule-de-Suif.

Celle-ci, qui avait des dents de jeune savoyard, lui cassait du sucre d'orge que malgré ses protestations elle le forçait à avaler.

— Prends !... Prends-moi ça, mon gros chien !

Et il prenait avec docilité.

Singulier empire de l'amour !...

Il n'y avait donc pas que du mauvais genre et de la crapule au bal des Vidanges de Bourgogne. Mais là, comme dans la meilleure société, on trouvait des mal-à-pris, de casseurs, des gens toujours prêts à se manger le nez... et pourquoi ?... Pour des bêtises.

Après tout, tant pis pour eux ; on les emballe à la fourrière des pochards.

Cependant le nouveau venu faisait trop d'embarras, cherchait trop ses effets, pour ne pas avoir un but secret.

On eût dit que la galerie le pressentait, car au premier mot jeté : « — Carambole... Voilà Carambole !... » Il y eût ce qu'à l'Assemblée on appelle : profonde sensation.

Tout d'abord, le beau vidangeur et sa maîtresse se cherchèrent et se rencontrèrent du regard et un sourire de pitié plissa les lèvres du robuste Carambole à la vue de l'individu qui payait le vin chaud à la Ravigotte.

Il fut tout droit à la table, se planta devant son rival et dit à Fanchon :

— Qu'est-ce que tu f..ais avec ce singe-là ?

— C'est un monsieur qui a voulu m'faire une politesse.

Mèche-de-Feu et Fine-Oseille, les vaincus, se rapprochèrent ; des groupes entiers quittèrent leurs tables ; l'orchestre s'arrêta ; garçon, employés, municipal s'émurent.

Alors, Carambole comprenant tout de suite qu'on voulait lui ravir la royauté du bal et... la reine, Carambole, impétueux et brave, posa carrément la question, s'adressant à son rival :

— C'est donc toi, lui dit-il, qui as coupé la patte à Coco !

L'inconnu se leva, d'un air déterminé.

— Pas d'explication dans la salle, dit-il ; et si tu veux te faire casser la gueule, sortons un instant en gens comme il faut.

— J'vas t'arranger, répondit Carambole.

— Les amis, laissez-nous.

« Ne faut pas attirer l'attention du municipal.

Les deux rivaux s'éloignèrent suivis seulement par cinq ou six intimes de Carambole qui devaient servir de témoins.

La Ravigotte, par convenance, voulut crier.

— Vas-tu te taire, sacré chameau! fit Carambole.

Les deux meilleurs compagnons de Carambole ne l'accompagnèrent pas ; ils avaient une idée pratique et rafraîchissante, conçue en même temps.

Fine-Oseille reprit son tabouret.

Mèche-de-Feu suivit ce noble exemple.

Et tous deux achevèrent le saladier, pendant que dans la cour obscure dont nous avons déjà parlé, les deux rivaux en venaient aux mains.

L'amant de Fanchon était de première force, son adversaire était digne de lui.

Fleur-de-Nuit et un autre de ses camarades avaient voulu être les témoins de ce duel.

Les deux rivaux se placèrent à la courte distance l'un de l'autre qu'exige le pugilat, et tombèrent en garde.

A la façon dont ils se regardèrent, un connaisseur eût jugé de suite qu'ils avaient chacun une méthode différente : — l'ancienne et la nouvelle. — Carambole pratiquait la première. Il se ramassa sur ses jarrets ployés ; attitude fatigante et qui demande des efforts inutiles.

Blavier prit la garde de la savate française moderne, semblable à celle de l'escrime, et se tint sur la défensive.

Sa parade était aussi simple que logique.

Au premier coup de poing droit que lui adressa son adversaire, il s'effaça par un léger mouvement de côté ; — le coup se perdit dans le vide.

Cette tentative plusieurs fois renouvelée eut toujours le même résultat.

Le robuste vidangeur déployait toute sa force ; l'autre, n'offrant qu'une surface étroite, parait sans effort, et presque sans bouger ; car c'est avant tout une affaire de calcul et de raisonnement.

Carambole changea de moyen d'attaque.

Il fit le moulinet,

Tombant sur ses mains pour frapper son adversaire de ses semelles comme des palettes d'une roue de moulin.

Tentative plus malheureuse encore! Blavier saisit une des jantes de la roue, une des jambes de Carambole et l'envoya rouler à quinze pas.

C'était à recommencer par un procédé nouveau et Carambole fut bientôt prêt. Reprenant sa garde, il défia son adversaire de prendre à son tour l'offensive.

Mais celui-ci n'en éprouvait pas le besoin.

A quoi bon?

Il avait tout avantage à laisser l'autre s'éreinter, et n'avait point à se départir d'une méthode qui lui réussissait si bien.

Carambole suait, fumait de colère, comme le taureau qui fond tête baissée à toute vitesse sur les bandilleros qui le provoquent et se dérobent à ses élans par des sauts de côté, il finissait par douter de lui-même, lui, le malin des malins!...

Le désespoir se mêlait à la fureur.

Mais il frappait toujours à faux.

Massant toutes ses forces — comme un général impuissant à vaincre masse toute sa cavalerie, et en fait une avalanche de fer — ramenant ses poings sur sa poitrine, il s'élança tête basse pour effondrer de son crâne d'hercule la poitrine chétive de son adversaire.

Celui-ci encore se déroba et en même temps saisissant la nuque de Carambole au passage, fit sur elle une pesée si vigoureuse qu'il le précipita sur le sol.

A ce coup de maitre, les témoins s'approchèrent pour s'interposer et déclarer l'honneur satisfait.

— Allons! en v'la assez pour une fois. Vous êtes deux braves. C'est inutile de se décarcasser.

— Donnez-vous une poignée de mains ; il le faut.

Blavier tendit sa main le premier.

— Faisons la paix, dit-il. Nous avons chacun notre mérite. Tu es fort à l'attaque et moi à la défense; mais ta manière ne vaut pas la mienne, voilà tout. Tu joues l'ancien jeu. Je t'expliquerai ça plus tard.

« Allons boire un coup.

—Allons boire un coup ! répéta-t-on en chœur.

Le vaincu rechignait bien un peu et regardait toujours de travers le petit bout d'homme qui l'avait tombé ; mais le temps de remettre sa casquette, il lui pardonna.

Ni tué, ni blessé...

Les deux adversaires, satisfaits l'un et l'autre, et se tenant bras-dessus bras-dessous, rentrèrent dans la salle qui les attendait et les applaudit.

Fine-Oseille et Mèche-de-Feu, les impudents licheurs, ne les attendirent pas et se dissimulèrent prudemment.

La Ravigotte s'élança à leur rencontre.

Qu'éprouvait-elle en les voyant de si bon accord et son cœur pouvait-il se prêter au partage?...

Mais le vainqueur était généreux; il n'exigeait point d'annexion barbare.

La Ravigotte resta à son cher Carambole en toute propriété. Bien mieux, après avoir payé le saladier liché par Fine-Oseille et son complice, il fit venir trois bouteilles cachet rouge.

Alors la paix régna et répandit ses bienfaits.

Les verres se rapprochèrent pour trinquer et les cœurs pour échanger leurs confidences.

— Il paraît, insinua Blavier arrivant à ses fins, que t'as passé une intéressante soirée avant de venir au bal?

— Ah! tu sais ça? répondit avec abandon le beau vidangeur qui avait fait partie en effet de l'escouade de la Préfecture.

« N'm'en parle pas... Ils nous ont fait travailler dans un genre nouveau... comme qui dirait à la cuillère... C'était rigolo tout de même... Puis il y avait à boire. Puis c'était bien payé...

— Ah! fit la Ravigotte en suivant le geste de Carambole qui frappait sur son gousset.

— Mais pour t'en dire davantage... Motus!

« C'est un secret ; ça reste entre nous et le gouvernement.

— Oui, motus, dit Blavier, renchérissant sur la nécessité de se taire. Mon vieux, personne ne doit savoir ce qu'il y avait là-dedans et personne ne le saura jamais.

— D'autant plus, fit Carambole en pouffant de rire *qu'il n'y avait rien...* *rien!*...

— Motus!... fit encore Blavier, personne ne doit...

— Pisqu'il n'y avait rien...

— Mais c'est l'secret.., Faut pas l'dire.

« Fais donc attention à ces mouches-là.

Et du coin de l'œil il indiqua des voisins qui les épiaient.

Puis tout bas :

— Dis comme moi, trompons-les. Faisons croire qu'il y avait quelque chose.

Et il s'écria :

— Ah! ah! c'est rigolo tout de même, la fosse à Bernard, avec tout ce qu'y avait dedans : Une lunette d'approche, des mouchettes, un cure-dent... Ah! ah! ah!...

Et tous deux se prirent à rire.

Quand cette hilarité feinte se fut apaisée.

— D'ailleurs, reprit tout bas Carambole en approchant ses coudes de ceux de Blavier, d'ailleurs, à cette heure, il n'y a plus de danger...

— Que veux-tu dire?

— Ils ont placé aux environs de la maison, et dans la maison même, des mouchards qui surveillent les lieux et les allant et venant jusqu'au dénoûment de l'affaire.

— Oui, je comprends.

Et pendant une heure Carambole raconta l'opération ; la Ravigotte émaillait le récit de remarques spirituelles dans le genre de celles-ci.

— C'est le brigadier qui devait avoir une drôle de trompette !

— Blague pas si haut la *rousse !* observa Carambole.

La descente.

— C'est égal, fit la Fanchon, « baril de vidange vivant, » c'est drôle de dire ça à un homme.

Et de rire.

Mais Carambole protesta :

— L'homme est un baril, la femme une futaille ! fit-il. Faut pas se moquer !

On juge du ton de la conversation.

Cependant quelques garçons éteignaient le gaz ; les musiciens quittaient l'estrade. La petite fête tirait à sa fin.

Les nouveaux amis se levèrent.

Fanchon se suspendit au bras de Carambole.

Blavier tira de sa poche un immense cache-nez dont il s'enveloppa la moitié du visage et l'on se quitta en se promettant bien de se revoir.

— Paye-moi de la tarte, disait encore la Fanchon.

— Vas-tu me ficher la paix, toi, ou j'te coupe en morceaux, répliqua Carambole.

Et ils s'embrassèrent vingt fois, avant d'arriver chez eux . . . . .

. . . .

Blavier savait ce qu'il tenait à savoir.

CHAPITRE XVI

Sur les toits.

Blavier avait un motif pour chercher à savoir quel était le résultat des recherches faites par M. André dans les fosses.

Il avait un but.

Nous allons voir Blavier poursuivre audacieusement un plan conçu avec une intelligence extraordinaire, et qui, pour être exécuté demandait une énergie peu commune et une adresse inouïe.

Sans perdre une minute, et quittant le bal, Blavier s'était rendu à Montmartre. Il portait sur son dos un sac de cuir en bandoulière.

Il était près de trois heures du matin.

Blavier, en passant par la rue de Bernard, y vit encore du monde.

Paris ne dort jamais tout à fait; il sommeille d'un œil et veille de l'autre.

Blavier remarqua tout d'abord, à peu de distance de la maison d'Alfred quatre biffins explorant en artistes méticuleux un mince tas d'ordures.

Cet accord de quatre chiffonniers pour le même tas lui parut étrange.

Il les considéra un instant et ils lui furent suspects.

— Ça des biffins? pensa-t-il. Allons donc! A d'autres! Ils se seraient déjà disputés.

Il poursuivit son chemin.

A la porte de la maison de son ami deux hommes causaient. Un petit en tricot de laine et la tête nue, un grand vêtu de noir et coiffé d'un chapeau à haute forme.

Le premier était le concierge sans doute, mais l'autre?...

Blavier s'avança pour tâcher de dévisager ce dernier, dans lequel il était tout d'abord porté à supposer un agent de police.

Mais un rayon de gaz lui permit de le reconnaître.

Cet homme n'était ni un passant indifférent, ni un agent de la sûreté.

Blavier venait de reconnaître en lui le *pègre* de la haute, l'homme aux gants noirs, qui, dans le monde, portait le nom connu de baron de Cahusac.

Blavier haussa les épaules et murmura :

— Parler au concierge !... Se compromettre !... Décidément il n'est pas fort !...

Il s'effaça un moment et attendit.

Puis lorsque le concierge se retira, Blavier joignit brusquement le monsieur resté à la porte.

— N'essayez plus d'entrer, monsieur le baron, lui dit-il à voix basse.

L'autre le regarda avec une surprise méfiante.

— Il n'y a pour vous plus rien à faire maintenant, reprit Blavier. Il est trop tard.

— Que voulez-vous dire ? Que signifie ? répliqua le personnage stupéfait.

— Que la rue est pleine d'agents et que ce que vous voulez tenter est maintenant impossible ; la maison est gardée.

Le baron s'éloigna.

Blavier, feignant l'ivresse, zig-zagant, titubant, se rapprocha des quatre chiffonniers.

— Tas d'mannequins, dit-il d'une voix avinée, qu'est-ce qu'ils font donc là ces quat' feignants ? C'n'est pas naturel.

— Qu'est-ce qu'il nous embête ce pochard-là ? fit un des faux biffins.

— Tiens ! s'écria Blavier en bousculant ce dernier. N'y a rien dans sa hotte ! Toi, un biffin ? Oh ! la la !...

— Vas-tu te taire, imbécile ? intervint un autre chiffonnier en levant sur l'intrus son instrument de travail.

— Ah ! c'est comme ça ! cria celui-ci... Eh bien j'vais t'arranger, moi.

Et à coups de pieds, à coups de poing, avec la verve que vous savez, il se mit à bousculer les faux chiffonniers qui sans vergogne abandonnèrent la partie et prirent la fuite.

Leur consigne étant d'être très-prudents et de ne pas se démasquer, comme agents, il leur était à la fois impossible d'arrêter ce pochard et très-difficile de continuer leur faction.

Ils préférèrent abandonner le terrain un moment, quitte à revenir.

De son côté, le baron s'était éclipsé.

Pendant cinq minutes la rue fut déserte et Blavier pouvait songer à mettre à exécution le projet audacieux qu'il avait conçu.

La nuit était avancée.

Il tombait une brume froide et qui n'invitait point les agents en uniforme les plus zélés à faire pied-de-grue dans les environs. Du reste, on les avait écartés par ordre de la préfecture.

Cependant les biffins revinrent s'installer devant la maison ; mais Blavier avait hardiment profité de leur absence pour faire le tour d'une construction voisine. Là, point de surveillance.

Blavier se sentait libre de ses mouvements.

Mais avant d'aller plus loin, il est nécessaire de dire un mot de la maison qu'avaient habité Alfred Bernard et sa maîtresse.

Cette maison avait cinq étages.

Sur un de ses côtés, séparé de la maison voisine par un chemin large de quelques mètres, on avait accès avec une cour et un arrière-bâtiment, servant de magasin. C'est là que Blavier s'était glissé, trompant la surveillance des agents.

Mais les bâtisses trop légèrement construites font une grande application du principe de solidarité, en d'autres termes, elles s'appuient volontiers les unes sur les autres ; se trouvant séparée d'une de ses voisines par la voie de communication, que nous venons d'indiquer, la maison Bernard se consolidait à elle par un arc-boutant, une arche de maçonnerie, sorte de pont sans issue et sans garde-fou, établie à hauteur du troisième étage.

Autre détail indispensable à noter.

L'architecte de la maison dont il s'agit avait voulu réserver l'avenir ; dans la maçonnerie du bas-côté, il avait laissé des pierres saillantes à l'arête du mur ; ces pierres, comme on le sait, sont destinées à servir d'amorce à des constructions subséquentes que le vide d'un chemin par exemple, donne à prévoir.

Blavier se jeta dans l'ombre épaisse de ce passage et s'arrêta à l'angle du mur dentelé d'amorces de la maison Bernard.

Il passa la main sur quelques saillies, comme un cavalier à la selle de son cheval avant de mettre le pied à l'étrier.

Ces saillies, il les connaissait.

Il espérait trouver en elles les marches d'un escalier.

C'était à croire que cet homme avait été acrobate dans sa jeunesse.

Mais après avoir un instant interrogé le silence qui régnait autour de lui et sondé de son regard de chat les ténèbres qui l'enveloppaient, notre homme, avec son énergie et sa souplesse étonnantes, se mit à gravir de pierre en pierre son échelle de casse-cou.

Il s'éleva ainsi sans trop de lenteur et sans efforts apparents, tant il était agile.

Descendre eut peut-être été plus difficile.

Où voulait-il aller ainsi ?

Sur le toit.

Mais il devait être arrêté par un détail que nous avons omis.

La toiture surplombait la muraille de plusieurs pieds.

Arrivé au-dessous, il allait se trouver comme sous une chappe, et son bras tendu pour chercher un appui se heurterait à un obstacle.

Comment sortir de là ?...

Par une audacieuse manœuvre qu'il avait prévue.

Parvenu entre le second et le troisième étage, il vit à quelques pieds au-dessus de lui et à un mètre environ de distance, l'arc-boutant dont nous avons parlé.

Il comptait sur cette espèce de pont jeté au-dessus du vide.

Il se proposait de l'atteindre et d'en faire une station de son ascension périlleuse.

Dans ce dessein, il s'était muni d'une corde à nœuds, solide et souple.

Cette corde, à l'extrémité de laquelle des crampons d'acier donnaient le poids nécessaire à un lasso pour être lancé, tournoyer, se replier autour du but, moins lourde que celle des maçons, infiniment plus souple et tout aussi solide, était attachée à sa ceinture.

Il la développa à la longueur qu'il savait nécessaire ;

Puis, se fixant des pieds, se cramponnant des genoux et d'une main aux saillies de la muraille, de l'autre main il lança sa corde à l'arc-boutant.

Elle jaillit de ses doigts, si l'on peut dire, et s'enroula comme un serpent autour d'une proie.

Elle fit plusieurs tours et enveloppa l'arc de sa double ou triple étreinte.

Alors, Blavier qui en avait fixé l'autre bout aux anneaux de sa ceinture put se confier à elle.

Ses genoux, sa main, ses pieds lâchèrent prise et il partit suspendu, comme le balancier d'une horloge à l'impulsion qui lui est donnée.

Pendant un instant, très-court du reste, il se balança sous l'arc-boutant, puis il grimpa vers lui à l'aide des nœuds.

En deux minutes il se trouva à cheval sur cet arc de briques.

Première station.

L'arc avait environ un pied et demi de largeur ; il était plat au-dessus.

Pour s'établir debout et ferme sur cette étroite plate-forme, il ne fallait pas attendre que la fatigue, déjà éprouvée, se fît sentir et engourdît les muscles.

Il ne fallait pas non plus, d'autre part, se mettre sur jambes avec le tressaillement nerveux que vous cause l'exercice violent que nous venons de décrire, joint à « l'émotion inséparable d'un premier succès. »

Blavier fit une pause de quelques minutes, puis détacha sa corde. Et lorsqu'il sentit la sueur fraîchir sur ses tempes et son cœur reprendre ses battements réguliers, il se leva.

Là, debout, dans la nuit noire, sans voir même où il posait le pied, à la merci d'un faux-pas, il développa et assembla une fois encore sa corde souple.

Au-dessus de lui, et presque en face, il pouvait distinguer, — grâce à un crépi récent, — une cheminée dont le revêtement de plâtre blanchissait dans l'ombre,

Il lui fallait renouveler son tour de force et fixer sa corde à cette cheminée.

L'élan de projection à prendre était considérable, car le but, situé à la moitié de la toiture, était séparé de lui d'une hauteur de deux étages.

Difficulté énorme.

Avant d'entreprendre son escalade, il avait bien mesuré cette périlleuse distance, mais il l'avait mesurée en esprit, avec l'ardeur de conception d'un homme habitué à réaliser les plus folles entreprises et pour qui vouloir, c'est pouvoir.

En face de la réalité, il comprit que pour lancer sa corde avec assez de force, il lui faudrait, comme l'on dit, prendre du champ.

Et l'espace lui faisait défaut !...

En même temps qu'il constatait cette difficulté, il lui vint l'idée que le vertige s'emparait de lui.

Cette idée lui traversa l'esprit, terrible et rapide comme l'éclair qui découvre sous les pieds d'un voyageur un abîme béant, infranchissable.

Lentement il passa la main sur son front pour chasser cette défaillance qui pouvait devenir rapidement mortelle.

Il aspira l'air bruyamment.

Il imprima à son être tout entier l'énergie d'une volonté puissante.

Il dit à ses pieds : Vous ne bougerez pas ; à ses reins : Vous ploierez sans crainte.

En quelques secondes il dompta la peur ; il se sentit ferme sur ce piédestal étroit ; on eût dit, à voir cet homme immobile, une statue de bronze.

Désormais il se sentait sûr de lui !...

Et il envoya la corde !...

Elle partit en sifflant, mais elle manqua son but.

Les crochets d'acier grincèrent sur l'ardoise et retombèrent donnant une secousse qui faillit arracher l'homme de son étroite plate-forme.

Et cependant il n'avait pas été loin du but.

Que faire?

S'accrocher à la cheminée?

Mais cette feuille de zinc offrirait-elle à ses crampons une prise suffisante, et, d'ailleurs, ne céderait-elle pas sous son poids?

A peine s'arrêta-t-il à cette idée.

— Non, se dit-il, je n'ai d'autre moyen que celui que j'ai d'abord conçu. C'est à recommencer. Il s'agit de vaincre ou de périr.

Il affermit son courage.

Autant qu'il avait pu en juger, il ne s'en était pas fallu de beaucoup qu'il ne réussît. Il n'avait donc pas à se désespérer.

Ajoutons enfin qu'il avait pris dans son point d'appui une plus grande confiance, et qu'il avait une mesure plus juste de la distance qui le séparait de la cheminée.

Il se permit moins de roideur dans le mouvement.

Et lança de nouveau son engin.

Il y eut du bruit, un bruit léger, mais qui lui parut effrayant. Les dents d'acier mordirent le plâtre dont des éclats dégringolèrent, et, passant près de Blavier, lui donnèrent un moment le vertige.

Il oscilla comme un homme ivre et faillit se précipiter.

Mais il résista néanmoins à cet ébranlement nerveux, puis, cette fois, il le sentit, le but était atteint !

La corde était enroulée à la cheminée.

Après un instant de repos, il s'approcha de la maison et grimpa sur le toit.

Il était sauvé ! Il foulait les tuiles !

Là, il s'assit, les pieds dans la chenaie, et... se prit à rire.

Rire silencieux !

Rire nerveux !

Rire effrayant qui ressemblait au rictus d'une bête fauve !

A cette heure, cet homme triomphait !

Il éprouvait une satisfaction et une joie immenses. Il avait vaincu ; il était content de lui et il allait mystifier Paris, c'est-à-dire ces milliers de curieux que la découverte de la femme coupée en morceaux et l'arrestation de Bernard tenaient en émoi.

Il éprouvait l'immense orgueil de ces géants du crime qui luttent contre les plus grandes forces, réalisent l'impossible et deviennent les héros de la redoutable armée des bandits en révolte contre la société.

Après avoir savouré l'âpre joie de cette victoire, Blavier se remit à l'œuvre.

Les pieds dans la chenaie, assis sur l'ardoise, Blavier amena sur ses genoux une petite gibecière qu'il portait comme un touriste anglais ou certains sportsmen portent leurs jumelles.

Ce petit sac renfermait l'espoir de ses merveilleuses combinaisons.

Il se disait :

— Tout est là !...

Cette constatation faite, il se remit en route. Il gagna à quatre pattes, non pas une autre cheminée, mais quelque chose qui y ressemblait beaucoup.

C'était un grand tube en fonte.

Il se dressa contre ce tube et l'étreignit.

Au même instant, à l'extrémité du toit, il vit un fantôme d'un noir d'encre découper sa silhouette sur l'arête du faîtage.

Était-ce un homme?... un témoin?

Mais non; c'était un animal qui, tout à coup, lui sembla de taille extraordinaire.

Soudain, comme deux braises ardentes, les yeux de cet être bizarre, à qui l'ombre prêtait des proportions fantastiques, se tournèrent vers lui.

— C'est un chat, murmura-t-il.

Il épongea ses tempes en murmurant :

— Je l'aurais pris pour une panthère?...

Comment un homme de cette trempe se troublait-il pour un chat?

C'est que la nuit, sur un toit, les effets d'optique produisent des grandissements inouïs; puis au moment de l'action, le cerveau d'un criminel est facile aux hallucinations les plus étranges. Un bruit léger, une ombre vaporeuse, produisent sur ses nerfs excités des effets extraordinaires, comme chez les fumeurs d'opium, ou les mangeurs de hatchih.

Blavier se remit de son alarme, et, après s'être assuré, par l'odorat, de la destination du tube de fer, sentant une odeur de vidange, il puisa dans sa gibecière. Il en tira un objet qu'il jeta par le tube en murmurant :

— Le cœur!

Puis un autre, et il dit encore :

— Le foie...

Enfin un troisième, et dit :

— Les cheveux!

Ce tube était le ventilateur dont, par une ordonnance préfectorale, toute fosse d'aisances doit être munie.

Ici nous voyons comment Blavier déjouait les prévisions de la police.

D'une part, celle-ci prévoyait que le complice de Bernard (elle croyait à un complice) rôderait du côté de la maison.

D'autre part, elle s'était assurée que la fosse ne contenait rien.

Or, Blavier, déjouant la surveillance des agents à l'intérieur et à l'extérieur, venait jeter des preuves du crime dans la fosse.

Les magistrats n'étaient pas montés sur le toit pour griller et sceller la bouche du ventilateur. Il restait cette communication directe à la disposition des malfaiteurs intéressés à égarer la justice, et Blavier, avec des miracles d'audace, venait d'en profiter.

Plus tard, si dans ses investigations, la justice revenait sur ses pas, qu'arriverait-il?

Et que penserait-on de cette découverte d'une importance capitale faite dans un endroit déjà si bien exploré?...

Les aveux.

Or Blavier savait un moyen de forcer la police à faire une perquisition nouvelle et publique.

Après avoir accompli cette manœuvre habile, il restait à Blavier à redescendre et à disparaître sans se laisser voir.

Il regagnait déjà le versant du toit donnant sur le passage, lorsqu'un doute subit traversa son esprit :

— N'ai-je rien laissé tomber près du ventilateur ? se demanda-t-il.

Il retourna sur ses pas.

Mais, à sa grande satisfaction, il vit le chat qui s'éloignait du tube.

L'animal affamé, attiré par les émanations des débris qu'il venait de jeter, avait guetté son départ, était revenu sur le toit, et venait de lécher les rares gouttes de sang tombées sur l'ardoise.

Tranquillisé sur ce point :

— C'est bien, se dit-il, plus de trace.

Et il redescendit vers la cheminée où il reprit sa corde.

Il n'avait pas de temps à perdre ; plusieurs heures s'étaient écoulées ; le jour pouvait le surprendre en chemin. Il ne fallait pas que la descente durât aussi longtemps que l'ascension.

Puis, quel moyen employer ?

Celui qui lui avait permis de monter !

Blavier y comptait ; mais il éprouva pour la seconde fois une défaillance dangereuse.

Et, comme il arrive presque toujours en pareil cas, le succès, qu'après tant d'efforts il venait d'obtenir, l'avait épuisé et le laissait dans une sorte d'apathie, d'indolence physique et de paresse d'esprit qui est, si l'on peut dire, la protestation de l'être contre l'abus des efforts.

Ce qu'il avait fait, il ne l'eut certes pas voulu recommencer.

Il en avait assez.

Il reprit donc sa corde et tout en songeant, indécis, las et perplexe, il se traîna sur la toiture jusqu'à l'endroit où il avait abordé.

Une fois là, l'image des dangers qu'il avait couru s'offrit plus que jamais à son esprit et lui causa une impression profonde.

Il considéra l'arc-boutant avec effroi.

Reprendre ce chemin ?.. jamais.

Mais pourtant ?..

Descendrait-il dans l'arrière-cour en s'accrochant au chéneau ? — La corde resterait suspendue et trahirait son secret. Il ne devait pas laisser de traces de son passage.

Nous nous rappelons un homme, un soldat, qui, monté un jour en haut de la tour d'une cathédrale, lorsqu'il voulut redescendre, fut pris du vertige.

Il fallut qu'il attendît qu'on vînt le délivrer et le descendre comme un objet inerte ; ses jambes refusaient de le porter.

Et c'était cependant un homme de courage.

En regardant l'arche étroite sur laquelle il avait joué sa vie, Blavier sentait le cœur lui manquer.

Il lui semblait que le toit le poussait dans le vide, qu'il glissait sous lui.

Un frisson lui courait dans les reins et épandait son fourmillement glacé sous ses cheveux.

L'épigastre oppressé par un poids invisible, les genoux tremblants, il douta de lui-même, détourna les yeux, les ferma et attendit que cette crise étrange se fût dissipée.

Il demeura longtemps ainsi immobile.

Une voix intérieure lui murmurait :

— Tu es perdu ; tu vas rester cloué ici, comme cela.

Cependant l'heure du réveil allait sonner pour tous ; déjà le grondement sourd qui est une des voix de Paris, se faisait entendre. Le jour allait blanchir les toits. Le vent matinal s'élevait...

Blavier sentait tout cela.

Mais la préoccupation que lui causaient le lever du jour, le mouvement de Paris, les nouveaux dangers qu'il courait, firent diversion au malaise du vertige.

Une fois encore, sous l'effort d'une volonté toute-puissante, le cauchemar s'évanouit.

Il secoua sa torpeur et se remit debout.

— Maintenant, se dit-il, avisons au moyen de descendre.

Il calcula mentalement la longueur de sa corde et le nombre de pieds qui le séparait du sol à partir de l'arc-boutant.

Il trouva la solution du problème qui lui était posé.

Rien de plus simple et de plus ingénieux, comme on va le voir, pour un homme agile et rompu à tous les exercices de gymnase.

Pour descendre sur l'arc, il passa sa corde simplement autour de la cheminée, il la noua et il la tint en double en ses mains.

Arrivé à destination, il dénoua les doublés, la tira par un bout et l'amena à lui tout entière.

Il résolut ensuite d'user du même moyen pour descendre de l'arc. Il jeta donc sa corde dessus en la partageant en deux parties d'égale longueur. Les deux bouts de la corde se rejoignirent, non sur le sol, il est vrai, mais à quatre ou cinq mètres ; distance qui ne l'effrayait pas.

Il n'avait donc qu'une manœuvre périlleuse à accomplir et il était sauvé.

C'était celle-ci :

Il s'agissait de saisir *en même temps*, les deux bouts de la corde que la largeur de l'arche, — un pied et demi environ, avons-nous dit, — tenait éloignés l'un de l'autre.

Ils s'étendit à plat-ventre les bras en dehors et pendants.

De la main droite il imprima sur l'un des bouts de corde un balancement qui l'envoya se heurter à l'autre bout — c'est-à-dire à la portée de la main gauche qui l'attendait :

Ayant les deux bouts de corde en cette main, de l'autre il fit glisser la corde de façon à en faciliter l'empoigne.

Lorsqu'il l'eut solidement saisie, il quitta d'une jambe, puis de l'autre la plate-forme et enfin lâcha complétement celle-ci pour la corde doublée...

Il descendit.

A quelques mètres de terre il sauta.

Il se trouva dans le petit chemin, ou, si l'on veut, dans l'étroit passage séparant les deux maisons.

Il jeta dans la rue un regard furtif et il vit des balayeurs.

Il crut reconnaître en eux des agents et ne se trompait pas.

Il attendit une occasion. Une voiture de laitier, allant d'une maison à l'autre, vint à passer.

Blavier se glissa dessous; il faisait sombre encore.

Il se suspendit aux ressorts de cette voiture qui s'éloigna peu à peu, stationnant quelques instants devant les maisons et tournant enfin dans une rue voisine, Blavier prit pied à terre et laissa la voiture partir.

Il était sauvé.

Le soleil rougissait le ciel au-dessus du Père-Lachaise; le gaz était éteint. Un quart d'heure plus tard il eût été pris en flagrant délit d'escalade.

Il s'éloigna rapidement d'un quartier où il était exposé à de fâcheuses rencontres, gravit les buttes jusqu'au Chemin-des-Bœufs et prit ensuite l'avenue de Saint-Ouen.

Il avait affaire à Clichy.

Cependant, comme les forces humaines ont des limites, harassé de la nuit qu'il venait de passer au bal de Belleville et sur les toits, il ne put aller plus loin que Saint-Ouen sans déjeuner.

Il mangea donc copieusement et lentement dans un des cabarets aimés des canotiers de la Seine, et vers midi seulement se remit en marche pour Clichy.

Il possédait dans cette commune un petit pied-à-terre.

Il y alla dormir quelques heures et faire ensuite sa toilette.

Blavier avait toujours, dans les divers petits logements qu'il louait à droite et à gauche, des costumes complets de rechange; ce qui lui permettait de se transformer et de faire peau neuve quand il le jugeait nécessaire.

Il possédait aussi l'art de se maquiller, de se teindre, de se grimer de façon à se rendre méconnaissable. Il eut rendu des points aux meilleurs acteurs de nos théâtres; et qui eut à cette heure assisté à sa toilette se serait demandé si cet homme n'avait pas pris en ce genre des leçons à Toulon ou à Brest.

A l'aide de certains trucs, dont l'explication nous entraînerait trop loin, il parvenait à modifier son accent ou le son de sa voix.

Enfin, selon le rôle qu'il jouait, il savait changer d'allures et de langage.

Et il était riche!.....

Lorsque le soir lui permit de sortir sans être trop remarqué, notre homme, déguisé en bourgeois comme il faut, descendit la rue que nous lui avons déjà vu suivre avec la malheureuse Maria.

CHAPITRE XVII

L'instruction.

La visite de la fosse n'ayant amené aucune preuve, l'examen du logement n'ayant *d'abord* rien révélé de compromettant, la justice dut supposer que la maison de Montmartre n'avait pas été le théâtre du crime.

Aussi l'attention de la police se reportait-elle sur la contrée où avait été découvert le cadavre. Saint-Ouen et Clichy étaient l'objet d'investigations incessantes.

Un cocher, celui-là même qui avait conduit Blavier et Maria à Clichy, vint faire sa déclaration.

Le signalement qu'il donna de l'homme ne répondait à aucun qui fût connu de la police, et différait entièrement de celui de Bernard, mais il n'en était pas de même pour la femme, et le portrait qu'il fit d'elle se rapportait parfaitement à la victime.

On fut donc amené à croire que le crime avait été accompli à Clichy.

L'instruction prit alors une direction nouvelle.

Le magistrat instructeur se transporta près du détenu.

Il l'aborda carrément, brusquement, ainsi qu'il convient parfois avec une nature aussi apathique.

— Bernard, lui dit-il, nous approchons de la vérité. Dissimuler à cette heure n'est plus possible.

« Le crime a été accompli à Clichy.

Ces paroles s'enfoncèrent lentement comme une lame dans la poitrine du prévenu.

Sa physionomie s'altéra visiblement.

— Vous y étiez... ajouta le magistrat.

— Non ! s'écria Bernard.

— Ne niez plus !...

Bernard demeura silencieux et frémissant.

— Votre complice y a conduit la femme en fiacre...

Le malaise du prévenu parut croissant.

— Ils sont descendus à l'extrémité de Clichy...

« Vous y étiez.

— Non, protesta Bernard d'une voix strangulée. Je puis prouver que j'ai passé la journée à Montmartre.

— La journée... oui... mais le soir? Le soir, vous avez quitté Montmartre, vous vous êtes rendu à Clichy... maintenant nous le savons, et ce qu'il nous reste à apprendre, nous le saurons bientôt ou par vous, ou par votre complice.

« Prenez garde ! Renoncez à un silence qui vous fait assumer d'avance la responsabilité de tout ce qu'il pourra déclarer.

« Votre complice ne vous ménagera pas, lui.

« Et nous saurons bientôt lequel des deux avait le plus d'intérêt à ce crime.

Chaque parole portait coup ; mais ces dernières, rappelant soudain, comme une menace, les propos que lui avait tenus Blavier, achevèrent de l'affoler.

Il crut celui-ci arrêté.

Il n'hésita plus.

— Eh bien ! répondit-il, je vais tout vous dire. Et qu'il dise la vérité comme moi, c'est tout ce que je demande.

Alors, avec une rapidité et une netteté remarquables, et qui excluaient toute supposition de mensonge de la part d'un individu aussi peu causeur et d'un esprit aussi lourd, il raconta tout ce qui s'était passé depuis sa dispute avec Maria jusqu'au moment où il quitta la maison de Clichy.

Le juge l'écouta attentivement sans l'interrompre, si ce n'est d'un signe de temps en temps, pour permettre à son greffier de sténographier les notes de cet étrange récit.

Lorsqu'il eut terminé, il lui dit :

— C'est très-bien. Votre histoire n'est pas complétement vraisemblable, mais pour le moment, je l'accepte telle quelle, sous bénéfice d'inventaire.

—.Je jure que j'ai dit toute la vérité ! s'écria Bernard en se levant avec exaltation.

Puis il retomba sur sa chaise, se cacha le visage dans les mains et se mit à pleurer.

— Il est sincère, pensa le magistrat. Il l'est au moins dans les faits principaux. Profitons de ce moment de détente, d'abandon.

« Ne pleurez point, Bernard, ajouta-t-il. Un prévenu gagne toujours à dire la vérité.

« J'ai encore quelques questions à vous adresser.

« Nous vous ferons transporter à Clichy. Là, consentirez-vous à nous indiquer la maison où fut commis le meurtre ?

— Oui, monsieur.

— Vous la reconnaîtrez?

— Parfaitement.

— Il est à désirer, dans l'intérêt de la vérité, et dans le vôtre également, que votre complice, celui qui vous donna de si funestes conseils et qui, dans votre récit, apparaît comme votre mauvais génie, — le sieur Blavier, — soit aussi transporté sur les lieux du crime.

Bernard écoutait, calme, silencieux.

— Nous possédons son signalement...

Bernard leva la tête par un mouvement de surprise.

Le juge demanda :

— Où demeure-t-il?..

Bernard tressaillit.

— Mais il n'est donc pas arrêté? s'écria-t-il.

— Vous ai-je dit qu'il le fût?

— Il me semble...

— Vous faites erreur.

— Ah! moi qui le croyais arrêté! s'écria Bernard.

— Il est dénoncé, signalé par le cocher qui l'a conduit, lui et votre maîtresse... mais il ne tient qu'à vous, Bernard, qu'il soit arrêté. Où demeure-t-il.

— Je ne le sais pas.

— Vous refusez de nous le dire.

— Non, monsieur; je le saurais que je ne vous le dirais pas, mais la vérité est que je l'ignore.

— Comment, lui! votre ami?

— Blavier et moi nous nous rencontrions souvent. Il avait sur moi un certain ascendant. Les gens malheureux, les découragés se laissent dominer facilement. Doutant d'eux-mêmes, ils prennent volontiers l'avis d'autrui. Je connaissais peu Blavier. Je crois même qu'il n'est plus à Paris depuis longtemps. C'était une connaissance faite dans la rue et les lieux publics. Il prétendait qu'il m'avait connu autrefois au régiment, c'est possible. J'ai mauvaise mémoire, je ne me le rappelle pas, mais je le laissais dire.

« Dans un moment critique il a paru s'intéresser à moi. Le diable en personne serait venu m'offrir ses conseils que je l'aurais écouté; je l'écoutai.

« Mais il ne me vint jamais à la pensée de lui demander ce qu'il faisait, où il perchait. Ma foi, non! j'avais assez, j'avais trop de mes propres affaires.

— Il habitait dans votre quartier?

— Je n'en sais rien.

— Il habitait Montmartre?

— Montmartre ou Batignoles ou Belleville... Que sais-je?

— Voilà qui est singulier. Mais voyons, d'autres que vous pourraient nous renseigner à ce sujet?

— Nous avions eu un ami commun qui pourrait vous donner son adresse, je ne vous le nommerai pas.

— Et pourtant ce Blavier vous a fait assez de mal. Eh bien! tant pis pour vous, Bernard.

— Oui, monsieur, tant pis pour moi, je le sens bien.

— Mais nous vous avons bien découvert, nous le découvrirons à son tour, « Je vais voir M. le chef de la sûreté. Il n'est pas midi : nous pourrons avant ce soir aller ensemble à Clichy.

Le juge d'instruction griffonna sur son calepin les notes suivantes :

« Blavier, 87° régiment de ligne, 18..., café Henri..., hôtel rue Lepic. »

Avant de se retirer :

— Bernard, dit-il, désirez-vous quelque adoucissement à votre régime?

— Monsieur, je voudrais pouvoir fumer dans ma cellule.

— Si l'on refuse aux détenus la liberté de fumer ailleurs qu'au préau, c'est par crainte du feu. Mais je verrai à arranger cela. Je vous ferai donner une autre cellule, je vais en parler au directeur.

— Merci, monsieur.

Le prévenu demeura seul.

Vint ensuite pour lui la grande-distraction gastronomique du dîner; puis la promenade entre les quatre murs de brique du préau, où l'on fume et où l'on sent l'air du dehors, où l'on voit à ses pieds des brins d'herbe et au-dessus de sa tête le ciel...

Comme il sortait du préau, on le prévint que M. le juge d'instruction et M. le chef de la sûreté étaient au greffe, et qu'il allait être promené en voiture jusqu'à Clichy.

Une promenade en voiture après dîner, par un temps superbe, en compagnie de gens comme il faut... c'est un regain de bonheur pour un prisonnier.

On lui mit les menottes cependant.

Il monta dans une voiture à quatre places qui stationnait dans la cour.

Un agent s'assit près de lui.

M. André s'assit en face; le juge à côté de ce dernier.

Un second agent grimpa en lapin sur le siége, et fouette cocher!

La grande porte peinte en vert s'ouvrit à deux battants.

CHAPITRE XVIII

Promenade à Clichy.

Le fiacre prit la rue de Lyon, les boulevards Beaumarchais, du Temple, Magenta et de Rochechouard.

Perquisition.

Ce ne fut pas sans une secrète émotion que Bernard revit ces endroits remplis pour lui de souvenirs.

Il avait eu d'abord plaisir à se sentir courir à travers la foule libre; mais à mesure que la voiture approchait du terme de sa course, son cœur se serra, son front s'assombrit.

Les scènes sanglantes de la maison de Clichy, le transport du cadavre à la Seine au milieu des ténèbres, se représentèrent de nouveau à son esprit, après avoir tant de fois épouvanté son sommeil.

Avant de traverser Clichy :

— Vous reconnaîtrez bien la maison? lui demanda le magistrat instructeur.

— Ah! s'écria-t-il, bien que je ne l'aie vue qu'une fois dans l'obscurité, elle est toujours présente à ma mémoire. Dans vingt ans, je la reconnaîtrais.

M. André avait choisi pour le conduire le même cocher qu'avait pris Blavier et ce cocher s'arrêta à l'endroit où « le bourgeois » l'avait congédié.

— Descendons, dit le chef de la sûreté.

Bernard, sur le chemin, regarda autour de lui :

— Je me reconnais, dit-il ; Blavier et moi nous sommes descendus ici. Il m'a dit : Nous n'en avons pas pour cinq minutes.

On se remit en marche.

— C'était sur la gauche, dit encore Bernard.

De ce côté de la route, on ne voyait que deux ou trois maisons.

M. André le lui fit observer.

— Voici les terrains de blanchisseuse, fit encore le prévenu. C'est la dernière maison.

« Là voilà !

Il s'arrêta soudain, avec les marques d'un désappointement extraordinaire.

— Mais... murmurait-il. Mais...

— Qu'est-ce ? Qu'y a-t-il ? lui demandait-on.

— Cette maison ?...

— Ne l'avez-vous pas reconnue ?

Bernard avait l'air ahuri.

M. André le considérait avec méfiance. Il soupçonnait une comédie.

Le juge secouait la tête d'un air de pitié, ou de mépris.

— Ce misérable était complétement ivre ce soir-là, dit-il à voix basse.

Puis, d'un ton sévère :

— Voyons, Bernard, ce n'est pas une comédie que vous nous jouez-là. Oui ou non, sommes-nous ici sur le lieu du crime ?

— Oui, monsieur.

— Vous le reconnaissez ?

— Oui, monsieur ; voici la tenderie où j'ai coupé une corde ; mais cette maison...

— Eh bien ? fit le juge.

— Approchons-nous, pour mieux la reconnaître, dit M. André.

Ils s'avancèrent près de l'habitation.

C'était une maisonnette blanche, avec des volets verts, qui paraissait de construction récente. Une petite cour fermée par une grille, et une marquise de zinc placée au-dessus de la porte d'entrée. lui prêtaient une certaine élégance.

Bernard ne sortait point de son étonnement.

— La maison, dit-il enfin, ne ressemblait point à celle-là. D'abord il n'y avait pas de grille ; puis elle n'avait ni volets, ni marquise... Et cependant !...

— Eh bien, ne serait-ce pas la maison qui se trouve plus haut?

Ils retournèrent sur leurs pas.

— Non, dit encore Bernard. Celle-ci n'a qu'un étage; l'autre en avait deux... D'ailleurs, la tenderie...

— Finissons-en! s'écria M. André avec impatience.

Et comme il se dirigeait vers la grille, un monsieur, qui venait de se promener du côté de la Seine, vint à lui en hâtant le pas.

— Vous désirez me parler, monsieur? demanda-t-il en manifestant de l'étonnement, mais point de trouble.

— Je suis M. André, chef de la sûreté publique; monsieur est juge d'instruction, et nous désirons parler au propriétaire ou au locataire de cette habitation.

L'étranger salua.

Il ne parut pas s'émouvoir; mais il semblait très-intrigué.

— Je suis le propriétaire dit-il. Veuillez entrer, messieurs.

Ce personnage était un homme de trente-cinq ans environ, de petite taille, maigre et brun, d'une tenue correcte et que l'on eût pris pour un ancien militaire.

Tout en introduisant ses visiteurs inattendus, il jetait à la dérobée un regard curieux à Bernard et à ses menottes.

Les deux agents d'escorte restèrent dans la cour.

— Oh! fit Bernard en franchissant le seuil.

Il se trouvait dans une jolie salle à manger. Une natte fine recouvrait le carrelage blanc et noir. Le meuble de noyer gris, à filets noirs, la tenture fraîche et ornée de grandes aquarelles encadrées avec goût, tout ce qu'il voyait mettait le comble à son étonnement et jetait le désarroi dans ses idées.

— Vous reconnaissez-vous ici? demanda le juge instructeur.

— Non, monsieur, moins que jamais.

— Passons à la cuisine.

« Est-ce cela?

Bernard vit une jolie cuisine, dont les murs faïencés, les cuivres brillants, étaient pour lui une nouveauté.

— Ce n'est point la cuisine, dit-il.

Le propriétaire suivait du coin de l'œil les mouvements du prévenu, tout en caressant sa moustache et sa barbiche noires.

Il semblait se dire:

— C'est probablement le fameux Alfred Bernard.

— C'est bien, dit le juge.

Et se tournant vers le propriétaire:

— A qui ai-je l'honneur de parler?

— A M. Pierre Castelli.

— Vous habitez cette maison depuis longtemps, monsieur ?

— Oui, monsieur, depuis près de deux ans. C'est moi qui l'ai fait construire.

— Je dois, monsieur, vous informer du but de notre visite. Le sieur Alfred Bernard, inculpé d'un assassinat, dont vous connaissez sans doute les horribles détails, nous a déclaré que le crime avait été commis dans une des dernières maisons de ce chemin.

« Il nous a désigné la vôtre.

« C'est dans le terrain voisin qu'il a coupé la corde qui lui servit à lier le cadavre. Mais, à la vue de la façade, il a tout d'abord paru douter de ses souvenirs.

« — Il n'y avait pas de grille, s'est-il écrié, il n'y avait point de marquise, lorsque j'y fus introduit par mon complice. »

M. Castelli se frappa le front :

— Permettez, monsieur, dit-il avec vivacité. Votre visite et ce que vous m'apprenez ont de quoi me surprendre... Quelle est la date précise du crime?

— Du 5 au 8 novembre.

— Cet homme aurait-il raison? murmura M. Castelli.

« Monsieur, ce que je vais vous dire va peut-être apporter un grand éclaircissement à cette mystérieuse affaire.

« A l'époque du crime la maison ne possédait, en effet, ni marquise, ni grille, et cet appartement n'était point dans l'état où vous le voyez.

Les regards de M. André et du juge se rencontrèrent pour échanger la même pensée de suspicion.

— Il y a environ trois mois, reprit M. Castelli, je quittai cette maison pour habiter Paris, et je m'entendis avec un entrepreneur, M. Jérôme Aufray, de Clichy, pour y faire les changements et les embellissements qu'elle réclamait :

— M. Aufray, entrepreneur à Clichy, répéta M. André, prenant des notes, quelle adresse?

— Rue de l'Église, n° 7.

— Ce monsieur, reprit le propriétaire, ainsi qu'il m'en avait prévenu par une lettre que je possède encore et que je vous communiquerai, m'informait que le 10...

— Deux jours après le crime.

— Que, le 10, il se rendrait ici avec ses ouvriers. Il n'y a pas manqué. Tels sont, messieurs, les éclaircissements que je puis vous donner.

— Le 10, êtes-vous venu ici avec les ouvriers?

— J'avais donné les clefs la veille à M. Aufray; je ne vins ici que vers dix heures.

— La maison était meublée? demanda le juge.

— Oui, monsieur.

— Du mobilier actuel?

— Non, j'ai renouvelé le mobilier, qui était assez grossier.

— Qu'est devenue la table de la salle à manger?

— Vendue.

— C'est très-fâcheux. Nous avons besoin de la retrouver. A qui l'avez-vous vendue?

— A un brocanteur de Montmartre, comme tout le reste.

— Son adresse, s'il vous plaît?

— Je ne pourrais vous donner ni son nom ni le numéro de sa boutique, mais il demeurait boulevard Rochechouard. C'est facile à trouver.

— Le dallage actuel existait-il antérieurement au 8 novembre?

— Non, monsieur.

— Que sont devenus les anciens pavés?

— J'avoue que je l'ignore.

— Vous aviez double clefs de la maison?

— Oui, monsieur.

— Croyez-vous que l'on ait pu vous dérober une de ces clefs?

— Je ne le crois pas.

— Cependant les assassins sont entrés ici comme chez eux.

— Je n'en suis pas étonné; mais j'en conclus que ces assassins sont des malfaiteurs de profession.

— Votre remarque est très-judicieuse.

M. André approuva d'un signe de tête.

— Connaissez-vous, monsieur, reprit le juge, un nommé Blavier?

— Blavier?...

— Oui.

M. Castelli parut réfléchir.

M. André vint au secours de sa mémoire en lui dépeignant l'individu en question :

— Un homme gros et court, au poil roux, à la tournure commune.

— Non, répondit le propriétaire, je ne le connais pas.

— C'est peut-être, dit M. André, un ouvrier de votre entrepreneur?

— La plaine, messieurs, dit le propriétaire, est infestée de rôdeurs. Sans grille et sans volets, je n'étais pas en sûreté. Les voleurs ont des clefs.

— Si nous en croyons le prévenu, le crime serait l'œuvre d'une bande. Il aurait été préparé par Blavier et exécuté par un inconnu.

— Je vois, dit M. Castelli, que ce Blavier a bon dos. S'il n'est pas vrai, il est bien trouvé.

A ces mots, Bernard frémit de tous ses membres.

— En tout cas, reprit le juge d'instruction, c'est une bien malheureuse coïncidence que celle de l'assassinat commis dans votre maison avec vos projets de bâtisse.

— Mes propriétés ne jouissent d'aucune sécurité.

Les magistrats se levèrent, prêts à se retirer, quand tout à coup Bernard sortit de son silence.

Le dernier mot de Castelli l'avait irrité. Avec la colère, l'intuition et la perspicacité lui étaient venues. Une lumière vive, soudaine, intense, — lueur fausse ou vraie — illumina ce cerveau étroit.

Bernard, pâle d'abord, rouge, tremblant, puis ferme et résolu dévisagea Castelli.

Il s'avança vers lui.

— Blavier, dit-il, n'est pas introuvable, messieurs, le voilà ! ·

Castelli se prit à rire.

Les magistrats s'entre-regardèrent comme pour se consulter.

— Oui, reprit Bernard, je vous affirme que cet homme n'est autre que Blavier.

— Aurais-je le malheur, fit le propriétaire avec une ironie tranquille, de ressembler à l'un de vos amis ?

Bernard s'écria :

— Je te reconnais à ta voix, à tes yeux...

— Ce n'est pas flatteur.

— Soit, mais c'est vrai !... Tu es Blavier.

— Eh bien, fit M. Castelli avec aisance, il m'est facile de réfuter mon honorable contradicteur.

« Monsieur André, et vous, monsieur le juge d'instruction, auriez-vous la bonté de m'accompagner dans la pièce voisine, c'est là que se trouvent mes papiers.

M. André suivit son hôte.

Castelli ouvrit son secrétaire, en tira quatre pièces :

— Voici, dit-il, mon extrait de naissance : Pierre Castelli, etc,

« Voici la lettre de l'entrepreneur Aufray,

« De plus, mon passeport.

« Mes quittances du percepteur.

« Et enfin : Lisez.

Et il présenta un papier qui portait l'en-tête imprimée :

PRÉFECTURE DE POLICE.

VILLE DE PARIS.

A peine M. André eut-il jeté les yeux sur ce papier, qu'il changea de visage.

— Quoi! monsieur, fit-il, seriez-vous le célèbre Pierre Castelli?... Et aurais-je l'honneur de parler à l'un de mes plus regrettés confrères?

Castelli baissa modestement la tête.

— Vous voyez, dit-il, c'est la lettre par laquelle M. le préfet voulut bien me témoigner sa satisfaction lorsque des circonstances toutes exceptionnelles m'obligèrent à me retirer de la police de sûreté. La gratification annoncée dans cette lettre me servit à payer cette bicoque que vous voyez.

M. André ne pouvait plus conserver aucun soupçon et le juge d'instruction, qui connaissait l'histoire du fameux Castelli, ne douta plus de l'absurdité de l'accusation de Bernard.

Il vint aussitôt à la pensée de M. André de s'éclairer des conseils du célèbre policier.

Il ne perdit pas son temps en compliments et aborda la question avec cette précision nette qui est dans les habitudes de la police.

— M. Castelli, dit le chef de la sûreté, que pensez-vous de cet homme?

— Il se peut que le crime ait été commis ici, répondit celui-ci; mais les affirmations de Bernard n'ont pas pour moi l'autorité d'une preuve. A mon avis, cet homme est un criminel qui, par des excentricités préméditées, veut un de ses jours se faire passer pour fou.

« Rien d'absurde comme ce crime exécuté dans cette maison, avec ce Blavier comme chef de bande, avec tant de détails impossibles et ridicules.

« Mon entrepreneur aurait vu du sang.

« Puis, quelle audace insensée de s'emparer de ma maison en mon absence.

« Non, décidément, c'est inadmissible.

« Bernard invente un conte extravagant pour faire plaider ensuite la folie.

— Je le croirais assez, monsieur, répondit M. André avec déférence. Cependant, n'en soyez point étonné, peut-être serons-nous obligés de faire, soit dans vos environs, soit ici même, de nouvelles recherches.

— C'est très-logique, puisque sans doute vous avez déjà tout examiné chez lui.

— Tout, et nous n'avons rien trouvé.

— Même dans les fosses d'aisances?

— Non, monsieur.

M. André raconta en peu de mots ce que nous avons rapporté plus haut. Castelli l'écoutait avec attention.

— Permettez, fit-il, je ne me serais pas contenté de recherches faites dans ces conditions.

« Je vous exprime cet avis, parce que vous me faites l'honneur de me consulter.

— Qu'auriez-vous fait? Ou plutôt, que feriez-vous?

— Aujourd'hui encore, dit Castelli, je ferais vider la fosse, procédé plus simple et plus sûr. Je le ferais pour ma tranquillité personnelle et aussi pour donner satisfaction à l'opinion...

« J'ajoute que j'ai, une fois dans ma carrière, procédé comme vous avez fait; je me croyais sûr qu'il n'y avait rien. Le public, ignorant que la fosse avait été visitée, cria tant et si bien, qu'on procéda à la vidange.

« On trouva des lambeaux de fœtus.

« Faites vider cette fosse, croyez-moi.

— Je suivrai ce conseil, monsieur, dit M. André, si toutefois c'est l'avis de M. le juge d'instruction.

— J'approuve cette mesure et je vous donnerai des ordres, monsieur André, dit le juge.

Se tournant vers Castelli il lui dit :

— Monsieur, je suis heureux d'avoir rencontré en vous un ancien employé de la Préfecture, dont le zèle et les lumières sont encore regrettés aujourd'hui.

Tous trois rentrèrent ensuite dans la salle à manger.

— Bernard, dit le juge d'instruction, votre accusation et votre récit sont absurdes.

— Je maintiens ce que j'ai dit, s'écria Bernard, cet homme est le premier coupable, c'est le mauvais génie qui m'a conduit ici, qui m'a perdu, c'est Blavier!

On haussa les épaules pour toute réponse.

Cinq minutes après, les magistrats et leur prisonnier reprenaient le chemin de Paris.

Cependant Bernard avait-il dit vrai? Nous le saurons bientôt.

En tout cas, bien qu'il fût intimement convaincu que le propriétaire en question était Pierre Castelli, M. André crut devoir contrôler ses assertions.

Il se rendit chez l'entrepreneur Auffray, qui lui confirma tout ce que Castelli lui avait dit. Il professait pour ce dernier la plus grande considération.

— C'est la perle des honnêtes gens, disait-il, un homme sobre, rangé, d'habitudes simples et modestes, et qu'un trait de ses mœurs suffit à dépeindre : c'est un pêcheur à la ligne.

Ajoutons encore que le cocher, interrogé s'il n'avait pas trouvé quelque ressemblance entre le propriétaire de la maison et l'individu qu'il avait signalé, avait déclaré qu'il n'y avait entre ces deux personnes aucune espèce de ressemblance.

Blavier... le voilà! (Page 86.)

Restait le brocanteur du boulevard Rochechouard et les débris du carrelage.

On retrouva le brocanteur, mais il ne possédait plus la fameuse table
de bois de hêtre.

— Ma foi, dit-il, c'était une bonne table : je ne l'ai pas payée cher, et à
peine était-elle mise en vente chez moi qu'un passant me l'achetait.

— Vous n'avez pas pris le nom de l'acheteur ?

— Pour un objet de dix francs, ce n'était pas la peine.

L'instruction se retourna du côté de Bernard. On rejeta ses déclarations
comme des fables. On résolut de pousser plus avant les investigations
commencées dans son logement et de suivre le conseil donné par M. Castelli.

Aux personnes qui s'étonneraient du peu de créance donné aux révélations d'Alfred Bernard, nous rappellerons que plus d'un grand criminel a cherché, par des romans de son invention, à égarer la justice.

Dumollard, cette brute, n'avait-il pas imaginé la fable des hommes barbus ?

On revint à cette idée que le crime avait été commis à Montmartre et que Maria avait pu s'enfuir à Clichy avec un amant, mais avoir été ensuite reprise par Bernard.

N'aurait-elle pas été aussi victime d'une scène de jalousie ?

Ainsi raisonnait le chef de la sûreté.

CHAPITRE XIX

Les preuves.

Suivant le conseil de Blavier-Castelli, M. André fit vider de nouveau les fosses d'aisances.

O miracle !... C'était à n'en pouvoir croire ni le témoignage de ses yeux, ni celui de ses sauveurs. On retrouvait enfin tout ce qui manquait au cadavre de Maria, jusqu'aux cheveux !

Ces débris furent remis à un chimiste ; il les débarrassa des corps étrangers qui les recouvraient. Les cheveux reprirent leur couleur d'un noir brillant. Le tout fut ensuite enfermé dans des bocaux destinés à figurer plus tard sur la table des objets de conviction, devant le jury.

En attendant le jour des assises, on s'empressa d'appeler le prévenu dans le cabinet de M. le juge d'instruction.

— Eh bien ! Bernard, lui dit le magistrat, les faits démentent singulièrement les explications que vous nous donnez. Nous avons fait de nouvelles découvertes. Il est temps de renoncer à vos fables, et ainsi que je n'ai cessé de vous le conseiller, d'entrer franchement dans la voie des aveux.

— Monsieur le juge, je n'ai jamais manqué de franchise, et je vous ai dit tout ce que je savais.

— Vous persistez à affirmer que c'est dans la maison de Clichy que votre concubine a été découpée !

— Oui, monsieur. Et Blavier...

— Laissons ce Blavier, ce personnage imaginaire, interrompit le magistrat.

— Ah ! vous ne voulez pas me croire ! fit Bernard avec un ton de découragement que le magistrat trouva digne d'un comédien consommé.

— Nous ne vous croyons pas, dit ce dernier, parce que nous avons entre les mains les preuves matérielles et irrécusables que l'assassinat et la division du cadavre ont été commis dans votre logement à Montmartre.

Bernard garda un silence stupide.

Le juge ouvrit une armoire et en tira plusieurs bocaux qu'il déposa sur sa table.

— Approchez-vous, Bernard, regardez : voilà ce que nous avons trouvé dans les lieux d'aisances de la maison que vous habitiez.

« Reconnaissez-vous ces débris de vos criminelles mutilations ?

Bernard secoua négativement la tête :

— Je ne sais ce que vous voulez dire.

— Comment !... ces cheveux ne sont-ils pas ceux de votre maîtresse ?

— Les siens ou ceux d'une autre.

— Une chevelure entière ?...

— C'est possible... Mais ce que je sais, moi, et ce que j'affirme, c'est que lorsque je suis revenu de la tenderie et que j'ai trouvé la pauvre femme coupée en deux... car bien sûr, ce n'était pas moi qui l'avais coupée... elle avait encore tous ses cheveux. Et je maintiens que lorsque je mis le haut du corps dans le sac, les cheveux y étaient. Oh ! monsieur le juge, les cheveux y étaient !...

— Cependant vous l'avez vue à la Morgue ?

— Je l'ai vue, monsieur.

— Vous l'avez reconnue ?

— Je l'ai reconnue sans la reconnaître.

— Voyons, Bernard, précisons.

— Je précise, monsieur.

— Vous l'avez reconnue positivement.

— Oui, monsieur, comme j'ai eu l'honneur de vous le dire, mais sans la reconnaître, vu qu'elle n'avait plus de cheveux.

— Comment expliquez-vous alors que cette chevelure, ce cœur, ce foie, aient été retrouvés chez vous à Montmartre ?

— Je ne me l'explique pas, je ne comprends rien à cela. Mais il y a déjà tant d'autres choses que je ne puis comprendre.

— C'est fâcheux pour vous ! fit sèchement le juge.

— Pourtant, j'aime à croire, monsieur, que l'on sera assez juste pour reconnaître que je ne suis pas obligé de pénétrer des mystères que la police elle-même ne parvient pas à éclaircir.

— Ce n'est pas nous qui vous obligeons à donner ces éclaircissements, Bernard, mais ce sont les preuves qui s'accumulent contre vous.

— Monsieur, je me sens fort de mon innocence. Du reste, si j'ai découpé la pauvre femme dans ma chambre à Montmartre, comment se fait-il donc, monsieur, que l'on n'y ait pas retrouvé de traces ?

Et un éclair de satisfaction brilla sur les paupières à demi baissées de Bernard.

Le juge d'instruction haussa les épaules et dit :

— Attendez avant de triompher !... Nous avons levé le parquet.

— Ah !.. Eh bien ?.. fit Bernard inquiet.

— Et nous avons trouvé du sang vers la croisée ; du sang qui a filtré entre les planches et a suivi l'inclinaison du parquet vers la fenêtre.

« Qu'en dites-vous ?

— C'est possible.

— N'est-ce pas une preuve ?

— Comme le reste.

— Oh !... voyons !...

— J'aurais voulu voir ça d'abord.

— Vous le verrez.

— Montrez.

— Les planches et les plâtres tachés de sang sont chez les chimistes-experts.

« Quand la science aura prononcé, nous vous rappellerons ici. Avez-vous foi dans la science ?

— Monsieur, je ne suis pas savant, répondit le pauvre diable.

L'interrogatoire s'arrêta là.

Sur ces entrefaites, Castelli avait aussi été demandé à la Préfecture et M. André lui avait fait part de ses découvertes. Castelli fut charmé de cette attention qui l'assurait que Blavier, dans la peau de Castelli, n'avait plus rien à craindre.

Il donna son avis.

Deux ou trois jours plus tard, autre incident !...

Les chimistes-experts ayant terminé leurs travaux, déclarèrent, en présence du docteur, que le sang retrouvé sous le plancher de la chambre d'Alfred Bernard n'était point de date récente, mais au contraire était d'une date éloignée qui remontait pour le moins à un an et peut-être à plusieurs années.

Le docteur, à son tour, prit la parole et donna lecture de son rapport sur l'état des viscères retrouvés et sur les analogies anatomiques qui existaient entre eux et les autres parties du cadavre.

Il concluait qu'aucune certitude ne pouvait être acquise, quant à l'analogie anatomique des viscères avec les autres débris.

Ces viscères étaient bien ceux d'une femme de l'âge de la victime ; ils avaient été enlevés par arrachement, comme l'autopsie l'avait démontré tout d'abord, mais ils ne se rapportaient point assez exactement aux autres parties du sujet pour que l'on pût admettre, d'une façon scientifique, qu'ils leur avaient appartenu.

Au lieu de preuves matérielles la justice ne possédait donc que des probabilités ; et, dans cette mystérieuse affaire, on n'avançait donc que pour être obligé peu après à revenir sur ses pas.

— Ainsi, docteur, reprit le juge d'instruction, selon vous, les viscères retrouvés dans les lieux de Bernard ne sont point ceux de la femme Maria ?

— Je dis, monsieur, que je ne puis établir d'une façon positive qu'ils soient ceux de cette femme ; ce sont ceux d'une femme de son âge, et arrachés comme l'ont été les siens, voilà tout ce que je puis affirmer, comme médecin.

— Mais, en définitive, insista le magistrat, vous ne pouvez affirmer le contraire, c'est-à-dire que ces viscères ne sont pas ceux que nous cherchions ?

— Je ne le puis non plus.

Le juge réfléchit un instant.

— Eh bien, conclut-il, il nous reste à rechercher la provenance du sang trouvé sous le plancher et pour cela à étendre le cercle de nos investigations.

M. André fut mandé.

Communication lui fut donnée des rapports des chimistes et du docteur et on le chargea de s'informer de la provenance du sang.

Le chef de la sûreté se rendit aussitôt à Montmartre et interrogea le concierge, mais celui-ci n'était dans la maison que depuis neuf mois.

M. André se rendit alors chez le plus ancien locataire. Après avoir décliné ses titres et dit l'objet de sa visite, il eut avec lui l'entretien suivant :

— Il y a longtemps que vous habitez ici, monsieur ?

— Depuis cinq ans environ.

— En cinq ans, plusieurs locataires se sont succédés dans le logement naguère occupé par M. Bernard ?

— Oui, monsieur, j'en ai connu trois.

— N'est-il arrivé rien de particulier à ces personnes, aucun événement tragique, soit une mort violente, soit une rixe qui ait entraîné une effusion de sang ?

— Si, monsieur ; et une personne superstitieuse serait même frappée des événements dont ce logement a été le théâtre. Ainsi il y a quatre ans, un vieux garçon qui l'habitait s'y est brûlé la cervelle. J'entendis la détonation de l'arme ; j'appelai le concierge ; nous fîmes ouvrir la porte et nous trouvâmes le malheureux étendu sur le parquet et la tête baignée dans son sang.

— Le concierge de cette époque existe encore ?

— Oui, monsieur. D'ailleurs, M. le commissaire a constaté le suicide.

— Continuez.

— Il y a deux ans, le logement était occupé par une petite famille : le père, la mère et deux enfants. Un de ceux-ci garçon de quinze ans, je crois, fut pris subitement d'une hémorrhagie en l'absence de ses parents : on le trouva évanoui, baigné dans son sang et dans un tel état que l'on dut le transporter à l'hôpital de Lariboisière.

— Vous avez été témoin du fait?

— Oui, monsieur, et d'autres que moi également, qui pourraient en témoigner au besoin.

— Très-bien, monsieur, je vous remercie de vos renseignements. Auriez-vous la bonté de me donner par écrit les noms et, s'il vous est possible, les adresses des personnes qui, comme vous, ont été témoins de ces deux événements?

Le locataire donna les noms et les adresses demandées et M. André se retira.

L'ancien concierge et tous ceux qu'il questionna lui confirmèrent ce qu'on venait de lui raconter.

— Décidément, se dit-il, nous marchons de déception en déception. Les preuves que nous croyons tenir s'évanouissent comme des mirages. Quelle fatalité !

« Certes, la piste que je suis est bonne.

« Bernard a dû sang aux mains, et cependant nous n'avons que des probabilités.

CHAPITRE XX

Manœuvre de la dernière heure.

Ainsi la justice était entravée à chaque pas.

Toutes les habiletés de Blavier ou de Castelli, comme le lecteur voudra, n'aboutissaient pas à prouver la culpabilité de Bernard.

Les découvertes et les investigations d'un habile savant contre-balançaient les fausses preuves accumulées par Blavier.

La nouvelle de ces derniers incidents et de la levée du secret pour le prévenu ne tarda point à se répandre.

— Les imbéciles ! s'écria Blavier-Castelli en apprenant cette nouvelle;

ils vont le laisser échapper. Mais cela ne ferait point notre compte, à nous autres. Je leur ai fourni des preuves superbes, ils ne savent même pas les utiliser. Il faut donc que je fasse tout jusqu'à la fin. Allons, trouvons quelque stratagème!

En vain s'était-il procuré des viscères de femme dans un amphithéâtre pour le jeter dans les cabinets d'aisances de la maison Bernard! En vain cherchait-il à accumuler les preuves. Ces preuves n'étaient pas convaincantes. Le jury pouvait acquitter.

Et à tout prix il fallait une condamnation; non pas une condamnation à mort, mais une sentence attestant la culpabilité de Bernard. Si mince que fût la peine, elle suffisait aux plans de Castelli.

Mais c'était un homme d'une fertilité de combinaisons étonnante.

Le temps de faire sa toilette et il avait en trouvé une inouïe, mais sûre.

Il se rendit au palais et s'y fit donner le nom du défenseur choisi par Bernard.

A sa grande satisfaction, il apprit que c'était M. le comte de Vireux.

Il n'était point connu de lui, mais il le connaissait, non comme avocat, — M. de Vireux n'était point célèbre, — mais comme homme privé.

Par son ancien métier, Pierre Castelli avait été initié à la vie publique et privée de la société qui s'appelle modestement le tout-Paris, aux secrets du monde, du demi-monde et du monde et demi.

M. de Vireux était un ancien gandin des premiers jours de l'Empire, un viveur édenté et endetté qui jetait de l'eau bénite sur les derniers tisons de passions scandaleuses, et qui, avant de porter la robe noire, avait beaucoup sacrifié aux pantalons à la mode; un mondain converti, enfin, et un orateur d'avenir qui donnait beaucoup d'espérance... à ses créanciers surtout.

Homme peu, très-peu honorable; quelques-uns l'accusaient tout bas, au Palais, d'avoir des mœurs suspectes. Il était marié cependant; il avait eu l'air de faire une fin.

Il ne se gantait plus de peau de chien et avait brisé son stick, mais il gardait son lorgnon insolent et aussi, bien qu'il eût passé la quarantaine, le pantalon gris-perle et collant illustré par Hervé.

Il passait pour honnête homme, tant il mettait d'affection à pratiquer les églises; mais il fréquentait aussi les Champs-Elysées... passé minuit.

C'était ignoble, mais vrai!

Le faubourg Saint-Germain le protégeait, ignorant ses habitudes.

Il ne prenait la parole que dans les affaires importantes concernant les nobles et la religion.

Il avait une haute situation.

Soigné dans sa mise, il portait en côtelettes le double éventail d'une barbe d'un noir luisant, et ses cheveux ondulés par le fer, ramenés sur son front haut et fuyant, se partageaient par une raie qui descendait jusqu'au col.

Il y avait, chez ce personnage, du griffon, du singe et de la vieille fille.

Lorsque M. Castelli se fit annoncer chez maître de Vireux, celui-ci revenait de Mazas et avait eu avec Bernard un premier entretien. L'avocat reçut le visiteur debout.

— Monsieur, lui dit Castelli, j'ai appris que vous avez bien voulu vous charger de la défense d'Alfred Bernard?

— Oui, monsieur.

— Auriez-vous la bonté de m'entendre un instant au sujet de cette affaire?

— Monsieur, il est une heure et demie, je suis attendu au Palais à deux heures...

— Je ne vous demanderai que dix minutes d'audience.

— Seriez-vous son parent?

— Non, monsieur.

— Son ami?

— Non.

M. de Vireux regarda Castelli qui avait prononcé ce non avec un petit rire sec, ironique, insolent même.

L'avocat se douta que cet homme avait une arme et des intentions.

L'attitude de Castelli était celle d'un homme sûr de lui.

M. de Vireux lui indiqua un siége.

— Parlez, monsieur, je vous écoute, dit-il.

Castelli sourit et dit :

— Je ne connais de l'affaire que ce qui en a été publié par tous les journaux. Je n'ai sur la culpabilité ou l'innocence de votre client aucune opinion, et je ne tiens même pas à m'en former une; mais dans sa situation, en présence des charges qui s'élèvent devant lui, des préventions que la lecture des journaux a dû créer dans l'esprit public, je pressens que le mieux qu'il puisse espérer, même avec les efforts de votre beau talent, c'est le bénéfice des circonstances atténuantes, et encore n'est-ce pas certain !

— Monsieur, répondit de Vireux, permettez-moi d'espérer davantage et laissez-moi vous demander quel intérêt vous pousse à vous mêler de cette affaire ?

— Vous conviendrez au moins, monsieur, dit Castelli, que vous n'êtes pas sûr de faire acquitter votre client. J'ai un moyen, certain moi, de ne le faire condamner qu'à la prison pour coups et blessures sans intention de donner la mort, la préméditation étant écartée. S'il ne fait pas d'aveux, il risque sa

Ma foi, c'était une bonne table...(Page 89.)

tête. Au contraire, s'il faisait des aveux, certains aveux, s'il prétendait, par exemple, avoir eu querelle avec cette femme, lui avoir donné un coup de pied dans le ventre, l'avoir tuée ainsi dans un malheureux éclat de colère; s'il racontait, dis-je, que ne sachant que faire du cadavre, il l'a découpé et transporté, à coup sûr, ces aveux lui constitueraient une position relativement excellente : comment lui prouver qu'il y a eu préméditation, intention de donner la mort?

« Je suis sûr que vous trouvez que j'ai raison.

M. de Vireux souriait, croyant avoir affaire à un rêveur quelque peu fou.

Castelli reprit d'un air sardonique :

— C'est là, monsieur, ce que je voulais vous dire et ce que je voudrais vous charger de lui persuader, conclut Castelli. Il faut, vous m'entendez, il faut que Bernard se décide à parler dans le sens que j'indique.

M. de Vireux, las de cet entretien, haussa les épaules et dit :

— Grand merci, cher monsieur ; mais en tout ceci, je n'ai à consulter que mon propre jugement éclairé par les lumières que me fourniront le dossier et les renseignements du prévenu.

Il se leva pour prendre congé.

Blavier demeura assis.

— Ce n'est pas mon avis ! dit-il froidement.

— Vous insistez ! fit M. de Vireux avec humeur.

— J'insiste, monsieur, parce que l'intérêt du prévenu l'exige.

— Encore une fois, merci, monsieur, au nom de Bernard ; mais le temps me presse.

M. Castelli se leva à son tour et d'un ton bref et impératif :

— Eh bien ! en deux mots : vous vous refusez à ce que je vous conseille ?

— Oui, monsieur. Du reste, je ne vous connais pas ; vous ne me dites point qui vous êtes et je ne vois pas bien pourquoi je vous écouterais. Je refuse, oui nettement je refuse de me prêter à vos combinaisons, et je trouve votre démarche étrange, inexplicable.

— Je m'y attendais un peu. Mais je n'entreprends jamais une démarche inutile ; je prévoyais votre refus d'accomplir cette bonne action ; il ne me reste qu'à passer outre et je suis certain de vous y contraindre.

— Ah ! c'est trop fort !

— C'est ainsi, Monsieur le comte de Vireux, vous ferez ce que je vous dis, vous déciderez Bernard à s'avouer coupable en écartant la préméditation ou je tirerai de votre refus une vengeance terrible.

— Allons, allons, veuillez vous retirer, cher monsieur, fit l'avocat se croyant sûr cette fois d'avoir affaire à un fou.

Mais Castelli s'écria :

— Un instant, je ne suis pas, monsieur, l'insensé que vous croyez ; je suis M. Pierre Castelli, ancien employé de la police secrète.

— Ah ! fit l'autre avec surprise. — Eh bien ?

— Je n'ai pas l'honneur d'être connu de vous, mais les devoirs de ma profession m'ont autrefois rendu le témoin clairvoyant et discret de vos fredaines de jeunesse...

Une légère rougeur monta au front de M. de Vireux.

— Dieu merci ! poursuivit M. Castelli, vous êtes toujours resté pour les cercles, les salons, le monde, un gentilhomme sans reproche. Vous avez souvent perdu au jeu et jamais il ne s'est élevé le moindre soupçon contre les retours de fortune qui vous favorisèrent. Votre nom ne s'est compromis dans aucune opération financière véreuse. Votre écusson comtal est sans tache et après une jeunesse orageuse, très-orageuse, votre robe d'avocat vous a refait une virginité...

« Du côté des robes, voyez-vous, vous êtes indemne; mais, permettez-moi de vous le dire avec la franchise un peu crue des gens de mon métier, de l'autre côté il n'en est pas de même.

Le comte pâlissant murmura :

— Que voulez-vous dire?

— Je m'explique... Vous aviez, monsieur le comte de charmantes... maîtresses...

— Eh bien?

— Là n'est pas le mal.

— Après?

— Ces maîtresses avaient la manie des travestissements; et ces demoiselles s'offraient à vos regards ravis, tantôt en pages et tantôt en bergers. Hébé se transformait facilement et même avantageusement en Ganymède. Colombine ressemblait au beau Léandre; c'était à s'y tromper. L'illusion était ravissante et aux Champs-Élysées, monsieur le comte, il vous est arrivé de transporter dans vos promenades, dans la vie réelle, les illusions du théâtre. La jupe de Colombine pour vous était sans attrait... De là, monsieur le comte, des méprises, des égarements, dont nous autres, — garde-fous de la morale publique, — nous prenions note... nous n'en dressions pas procès-verbal à cause du scandale pour un homme dans votre situation.

« Avez-vous compris?...

M. de Vireux, pour qui venaient d'être évoqués des souvenirs terribles, et qui sentait le chantage d'un nouveau genre dont on usait envers lui, se sentit perdu, s'il ne cédait.

Discuter avec Castelli était inutile.

Il fallait plier et se rendre.

Le comte essuya la sueur qui perlait à son front, reprit un peu d'assurance, et dit d'une voix sourde :

— Mais vous tenez donc bien à ce que Bernard fasse des aveux?

— Il faut croire que oui.

— Pourquoi cela?

— Une idée à moi.

— Une idée qui repose sur un intérêt, sans doute?

— Il est évident, fit Castelli, qu'un intérêt quelconque me guide. Mais vous? Tenez-vous donc absolument à ce qu'il n'avoue pas?

— S'il n'est pas coupable!

— Bernard!... pas coupable!

— Mais je le croirais assez.

— Il vous plaît surtout d'y croire parce que vous avez déjà bâti votre plaidoyer et qu'il vous peine de renoncer à des effets d'éloquence que vous entrevoyez.

— Quand ce ne serait que cela?

— Ce serait encore une considération, j'en conviens. Mais votre clientèle future n'est pas dans ces gibiers de potence, elle est, monsieur le comte, par votre nom, vos relations, dans les égarés du grand monde. C'est là qu'est votre avenir.

« Or, en suivant mes instructions, *vous satisferez des personnages de haute influence* et qui vous en sauront gré.

Blavier touchait juste.

Le comte le regarda avec surprise et murmura :

— Il y a donc en cette affaire des interventions qui la compliquent?

— Certes ! fit Blavier.

— Et... ces interventions...

— Ce sont celles de personnes capables de vous savoir un gré infini de faire prendre à ce procès une certaine tournure.

Castelli achevait de décider l'avocat.

— Maintenant, reprit-il brutalement et portant un dernier coup de massue, résumons-nous et concluons : Vous allez persuader à Bernard de faire des aveux, ou je donne la volée aux plus tendres secrets de votre jeunesse.

— Mais si Bernard refuse?...

— Tant pis !

— Comment, tant pis ?

— Vous êtes éloquent, vous êtes avocat et dans votre propre cause... à vous de gagner.

— Mais je puis perdre.

— Vous avez quatre jours, et j'ai confiance en votre talent.

Sur ces paroles, M. Castelli salua M. de Vireux qui le reconduisit jusqu'à la porte de son appartement.

CHAPITRE XXI

L'avocat et le prévenu.

Pour M. de Vireux, la démarche de Castelli ne pouvait être un incident vulgaire, ses propositions, ses menaces, l'avaient vivement impressionné et pesaient d'un grand poids sur ses déterminations. Il n'avait pas oublié non plus ces vagues promesses, ces insidieux sous-entendus, qui devaient lui faire pressentir la satisfaction de personnages haut placés.

Il se décida donc à agir dans le sens que lui indiquait Castelli. Mais avant d'exercer une pression directe, il mit en œuvre l'influence de quelques personnes avec lesquelles le prévenu avait des rapports journaliers.

— Vous qui voyez souvent Bernard, dit-il au gardien de la division de ce dernier, que pensez-vous de lui?

— Dame, monsieur, c'est un détenu tranquille, poli, mais ce que nous appelons ici un *ostiné*.

— Obstiné en quoi? fit l'avocat.

— Ce qu'il a mis là une fois, expliqua le gardien en se frappant le front, il n'en démord plus. Voilà ce que nous entendons par un homme ostiné.

— C'est peut-être bien malheureux dans sa situation, fit avec componction maître de Vireux. C'est ainsi qu'il s'entête à soutenir, en dehors de toute vraisemblance, qu'il n'a pas tué sa maîtresse. Je le crois, en effet, plus malheureux que criminel, mais il me sera difficile de faire partager ma conviction au jury. Vous qui êtes un homme intelligent, un homme d'expérience, engagez-le donc à faire des aveux. Un coupable qui avoue sert autant par sa franchise ses propres intérêts que ceux de la justice. Votre influence morale peut dans ce sens s'employer à une bonne action, dont certainement il vous sera tenu compte.

— Monsieur, je vous promets de faire mon possible pour cela, répondit le gardien flatté de la confiance que semblait mettre en lui un membre du barreau.

M. de Vireux se rendit ensuite chez M. l'aumônier. Son nom n'était pas inconnu de lui et il se présentait sous les plus favorables auspices.

L'aumônier d'une prison est un personnage peu connu, et dont la mission, aussi délicate que respectable, est généralement appréciée au-dessous de sa valeur. Cet homme est le seul visiteur qui ait libre accès près du détenu, et le seul qui, désintéressé de l'action judiciaire, ne lui soit pas antipathique. Les quelques mots qu'il vient d'échanger avec le détenu, sont pour celui-ci une distraction sinon un reconfort.

L'aumônier ne voit pas dans l'individu qu'il visite un voleur ou un assassin, mais un infortuné qui a besoin de consolation et d'espérance, et pour lequel il doit ouvrir au dehors de la cellule les perspectives de l'infini. Il lui facilite ainsi une sorte d'évasion morale.

Ce dernier a-t-il une blessure au cœur? Il la nettoie de la boue et du poison du monde. Est-ce une brute? Il s'efforce de dégager cet esprit inculte de la gangue où il était enfermé. Est-ce un désespéré? Il cherche à le distraire, il provoque son sourire. Il a mille exemples pour lui prouver que d'autres sont sortis d'abîmes plus profonds que le sien. C'est le médecin des âmes.

Il construit pour tous un refuge mystique, un nouveau monde idéal, où le malheureux le plus affolé peut s'abstraire et se reposer ; une cour d'appel supérieure à tous les tribunaux du monde, sur laquelle le plus grand coupable peut compter, s'il éprouve un repentir sincère.

Ce n'est pas tout : à celui qui pauvre, sans ressources, ne voit au delà de sa libération que sa rentrée dans une société dont il s'est fait une ennemie irréconciliable, à celui-là, il promet des secours, du travail, un appui. Il reste le conseiller et l'ami du libéré.

Tel est l'aumônier de la prison dans son type le plus élevé.

M. de Vireux, en s'adressant au prêtre de Mazas, n'ignorait pas les ménagements qu'il devait prendre.

— Pardonnez-moi, monsieur l'abbé, lui dit-il, de vous déranger un instant au milieu de vos charitables occupations, mais c'est dans l'intérêt de l'un de vos pensionnaires : je suis chargé de la défense d'Alfred Bernard.

— Soyez le bienvenu, monsieur le comte, répondit l'aumônier avec affabilité. J'ai vu Bernard hier et je l'ai félicité de l'heureux choix qu'il a fait en vous prenant pour défenseur.

— J'avoue que je n'ai pas accepté sans quelque hésitation de me charger de cette affaire qui tentait plus d'un de mes confrères.

« Elle est appelée sans doute à un grand retentissement, mais je cherche moins l'éclat que le but moral, et je suis, avant tout, l'avocat des bonnes causes. Si Bernard est aussi coupable qu'on le présume, je vais disputer au bourreau le dernier des scélérats.

— Votre tâche, monsieur le comte, est des plus lourdes, en effet.

— Puis, continua M. de Vireux, ce qui en augmente les difficultés, c'est que le prévenu me paraît être un esprit ténébreux et difficile à pénétrer. Je n'obtiens de lui qu'un système de dénégations sans logique. Si je le presse de questions, il n'a d'autres explications à me donner qu'un chaos d'invraisemblances. Il me choisit pour défenseur, me demande ma confiance et paraît me refuser la sienne.

L'abbé sourit avec finesse :

— Il semble souvent vous raconter des rêves, n'est-ce pas ?

— Précisément, monsieur l'abbé.

— Ce n'est pas, je crois, dit l'aumônier, un cerveau sain. Bernard est ivrogne.

— L'ivrognerie pourrait expliquer son crime, reprit M. de Vireux, la folie de l'alcool pourrait en atténuer l'horreur et le décharger d'une part considérable de responsabilité, mais encore faudrait-il qu'il reconnût l'invraisemblance de ses dénégations et avouât avoir frappé sa concubine.

— Sans doute, acquiesça l'aumônier. Voilà ce qu'il faudrait lui faire entendre.

— N'est-ce pas ? fit l'avocat. Mais le moyen de se faire écouter d'un homme qui, après vous avoir exposé ce qu'il croit des moyens de défense, se renferme en vous disant : Vous n'en saurez pas davantage; inutile de me questionner. Comment lui inspirer plus de confiance, voilà, monsieur l'abbé, ce que je serais heureux de savoir ?

— Je lui reparlerai de vous, monsieur le comte. Je lui dirai qu'il peut, qu'il doit s'ouvrir à vous.

— Il vous reçoit volontiers ?

— Mes visites paraissent lui être agréables et même avec moi il se montre assez expansif.

Le comte se leva.

— Combien je vous serais obligé, monsieur l'abbé, de briser la glace qui existe entre mon client et moi. Qu'il renonce à cette fable absurde d'un meurtrier inconnu ; qu'il avoue avoir frappé la femme qu'il a coupée en morceaux, et j'obtiendrai pour lui le minimum de la peine. Seriez-vous assez bon pour lui dire cela. En déchargeant sa conscience, il se ménage une chance de salut.

— Je vais le voir dans un instant, monsieur le comte, et je lui porterai ce bon conseil. Mais vous?

— Je ne dois le revoir que demain.

M. de Vireux, satisfait de sa visite, prit congé de l'aumônier et se retira.

Nous craindrions de tomber dans des redites en rapportant l'entrevue de ce digne prêtre avec le prévenu. Nous dirons seulement que ces exhortations à la franchise donnèrent à réfléchir à Bernard. Le gardien dit aussi son mot.

— C'est singulier, pensa le prévenu, tout le monde paraît convaincu que c'est moi qui ait tué Maria ; tout le monde paraît me porter intérêt, et cependant me conseille d'avouer.

«Il est positif que ce meurtre est bien étrange, si étrange que par moment je me demande si ce n'est pas un mauvais rêve que j'ai fait. Comment expliquer aux autres ce que je ne puis m'expliquer à moi-même?

« Il est sûr que je ne l'ai pas tuée. Parbleu ! je ne suis pas fou. Non; mais j'avais bu, beaucoup bu ce soir-là. Certainement je ne savais plus ce je faisais. J'aurais pu lui porter un mauvais coup et je n'en serais pas plus malade pour cela.

Le terrain était donc préparé lorsque l'avocat se présenta.

— Bernard, lui dit-il sans préambule, j'ai étudié votre affaire. Eh bien, je conclus qu'elle peut être excellente ou perdue selon le langage que vous vous déciderez à tenir.

« Comprenez-moi bien. Je ne veux pas vous interroger, je ne suis pas un juge. Je suis votre conseiller, je vais vous parler sincèrement, mais de votre côté, écoutez-moi avec confiance.

— Je vous écoute avec confiance, monsieur, dit Bernard.

L'avocat reprit :

— J'ai reconstruit l'histoire du meurtre d'une façon logique, ma version diffère de la vôtre, mais la mienne est vraisemblable, la vôtre ne l'est pas ; la mienne vous fera condamner à quelques années de prison, la vôtre vous enverra à l'échafaud : vous choisirez.

« Écoutez bien mon récit.

« Le soir du meurtre vous étiez ivre, ivre d'eau-de-vie, d'une boisson qui rend brutal et furieux et qui, chez les individus alcoolisés de longue date, comme vous, produit quelquefois une perversion momentanée des sens. « Est-ce vrai ?

— Parfaitement, je l'avoue, répondit Bernard.

— Vous aviez le délire des ivrognes.

— Oh ! quant à cela... protesta Bernard.

— Pourriez-vous jurer que non ?

— C'est-à-dire, monsieur, que je ne savais plus ce que je faisais, j'étais comme perdu.

— Ainsi vous croyiez être à Clichy : vous étiez à Montmartre. Votre maison de Clichy, voyez-vous, vous l'avez rêvée.

— Oh ! par exemple !.. protesta Bernard.

— Puisque vous n'avez pu la retrouver quelques jours plus tard, repartit l'avocat avec un mouvement de pitié. Lequel mérite le plus de créance ou de Bernard ivre ou de Bernard à jeun ? Le premier a vu des choses fantastiques, mais le second doit-il admettre des rêves pour des réalités? Croyez-moi, vous étiez à Montmartre, furieux contre votre maîtresse... Ce soir-là vous vous êtes emporté contre elle, comme cela vous arrivait souvent n'est-ce pas ?

— J'en conviens. Je l'ai battue.

L'avocat poursuivit :

— Elle cria. Vous l'avez saisie à la gorge...

— Moi ! se récria Bernard.

— Calmez-vous, fit maître de Vireux. Vous l'avez prise à la gorge, non pour l'étrangler, mais pour la faire taire ; car vous aviez une peur affreuse du tapage et du scandale. N'est-il pas vrai?

— Je l'avoue, j'avais peur du scandale.

— Alors, reprit l'avocat, comme il est arrivé plus d'une fois, il y eut lutte entre elle et vous; elle se débattit, cassa un objet précieux, ce qui vous mit en fureur, vous lui portâtes un coup de pied dans le ventre, et, comme je pourrais en citer de nombreux exemples, Maria tomba en syncope par suffocation, et ne se releva pas.

Bernard regarda de Vireux avec étonnement.

Monsieur le baron me demande ? (Page 116.)

— Cela aurait pu arriver, dit-il. Mais...

— Comment donc ! Mais je le vois, s'écria l'avocat avec chaleur, je vois cette femme tombée sans connaissance, pâmée ; je vous vois essayer en chancelant de la relever.

« Elle reste inanimée. Effrayé, vous tentez de la rappeler à la vie. Mais impossible. Elle est morte et sans le vouloir vous êtes devenu un assassin ! Alors, que faire ?...

Et l'avocat se leva, parcourut la cellule, tendant les bras, d'un air éperdu.

— Grand Dieu ! soupira Bernard.

Comme s'il se disait : — Est-il possible que tout se soit passé ainsi !..

— Que faire de ce cadavre ? poursuivit de Vireux.

« Où le cacher? Comment le faire disparaître? Le jeter à l'eau? La Seine est si loin...

Puis se tournant vers son client, il ajouta :

— Et pour le transporter plus facilement vous avez imaginé de le diviser en deux.

« Tout s'est accompli comme je viens de vous le raconter.

— Mais Blavier? fit Bernard rêveur.

— Blavier? repartit audacieusement l'avocat, cet homme n'a jamais existé.

— Ah! permettez...

— Il n'a pris aucune part au crime, affirma de Vireux.

Bernard parut réfléchir; mais, l'avocat jugea dangereux de l'abandonner à ses réflexions.

— Maintenant, reprit-il, je conclus. Avouez votre crime tel que je viens de vous le raconter. Avouez que vous avez, dans un moment d'ivresse et de fureur, serré la gorge à votre maîtresse sans intention de lui donner la mort, puis que vous l'avez frappée au ventre d'un coup de pied, et vous serez condamné pour coups et blessures ayant occasionné la mort, à quinze mois de prison.

Bernard demeurait pensif et silencieux.

— Quinze mois de prison, dit l'avocat, cela vous paraît peut-être beaucoup encore. Mais songez, mon ami, qu'avec votre premier système vous iriez au bagne à perpétuité si j'obtenais les circonstances atténuantes, et je ne suis pas sûr de les obtenir. Songez qu'avec mon système, dans quinze mois au plus, peut-être moins, vous serez libre.

Bernard frémissait de tous ses membres; ses traits s'altéraient. De Vireux le considérait avec surprise et inquiétude :

— Libre... murmura-t-il enfin. Libre de quoi? de vivre ou de mourir? Libre de souffrir encore et plus que jamais. Sortir de prison?

Il promena son regard sur ses quatre murs.

— Ah! monsieur, fit-il avec une explosion douloureuse, non, ce n'est pas de trop d'avoir un an à passer en prison; ce n'est plutôt pas assez.

« Une fois jeté dehors, où voulez-vous que j'aille? Chez moi? Où était Maria? Devant tout le monde qui me regarde et dit : — Tenez, voilà l'assassin qui passe! Regardez, voilà le découpeur de femmes! Jamais!... Et si je ne retourne pas à Montmartre, où irai-je? Qui voudra me recevoir même en payant d'avance? Payer? Avec quoi? Je n'ai pas d'argent, moi. Qui me donnera du travail à cette heure?... On me rendra ma liberté, dites-vous; erreur! On ne peut plus me la rendre. On l'a tuée. Elle est en morceaux, ma pauvre liberté, comme la pauvre Maria.

« Plus de nom, qu'un nom souillé; plus de gîte, plus de travail, plus de pain, plus de femme! Ah! j'aime mieux la prison, je veux que l'on m'envoie au bagne. On ne va pas maintenant me jeter dans la rue comme un chien galeux. La justice m'a blessé à mort, eh bien! elle m'achèvera!...

L'avocat l'écoutait et le laissait aller. Ces épanchements lui révélaient le caractère que jusqu'alors il n'avait pu pénétrer. Toute la vie de Bernard pouvait se résumer dans la crainte incessante de mourir de faim.

— N'est-ce que cela? se dit de Vireux. Ne s'agit-il que de le rassurer et de lui promettre du pain? Alors je tiens mon homme!...

« Voyons, mon ami, reprit-il d'un ton affectueux, ne vous alarmez pas outre mesure. Je connais mieux que vous la triste condition d'un libéré, quand ce libéré n'est pas endurci dans le crime, qu'il n'a failli qu'un jour et veut vivre en honnête homme. Je sais combien il lui est difficile de reprendre sa place dans la société et je compatis à sa triste situation. En vous disant : « Dans quelques mois vous serez libre, » j'aurais pu ajouter : « et vous serez heureux. » Car rien ne m'est plus facile que de vous obtenir un gagne pain, des moyens d'existence dans quelque coin... en Algérie, où vous avez servi, par exemple ; M. l'aumônier, en homme très-puissant, moi qui peux beaucoup, le gouvernement qui tient à des aveux, tout enfin est pour vous dans cette affaire. On vous protégera.

Le visage de Bernard se rasséréna.

— Il se pourrait ? fit-il.

— Sans doute. En prison nous vous ferons surveillant ou chef d'atelier. En Afrique, vous aurez un petit emploi sur une ligne de chemin de fer quelconque. Écoutez les conseils de M. l'aumônier, faites ce que je vous dis, avouez le meurtre involontaire à Montmartre et vous êtes sauvé. Une nouvelle existence s'ouvre à vous.

Bernard soupira comme un homme délivré du poids écrasant d'un cauchemar.

— Eh bien, dit-il, je vous le promets.

— Recomposez bien l'histoire du meurtre telle que je vous l'ai racontée, insista de Vireux. Laissez de côté vos détails invraisemblables de Clichy, vos rapports avec Blavier. Enfin demandez à parler à M. André et dites-lui carrément : — Je ne veux pas commettre un second crime en trompant la justice. Je veux tout avouer.

« Ferez-vous cela, Bernard?

— Oui, monsieur, répondit celui-ci d'un ton de sincérité profonde. Je vous le jure!

— Bien, répondit M. de Vireux. A cette condition nous vous tirerons d'affaire. Réfléchissez mûrement à ce que vous direz et avouez.

« A demain.

Sur ces paroles l'avocat quitta son client.

CHAPITRE XXII

Les aveux.

Trois jours plus tard, Alfred Bernard demandait à parler à M. André.

Un grand changement semblait s'être opéré chez le prévenu. Au lieu de se démener dans son étroite cellule comme un ours dans sa cage, il était calme et patient.

C'est qu'au lieu du doute il avait presque la certitude, il était presque fixé sur le sort qui l'attendait.

M. André s'empressa de se rendre à la demande du prisonnier.

— Vous m'avez demandé, Bernard?

— Mon Dieu, oui, monsieur André. Je suis décidé à en finir, dit le prévenu d'un ton de bonhomie.

— Qu'entendez-vous par là?

— Je veux d'abord vous demander pardon de vous avoir si longtemps raconté des histoires. Que voulez-vous, on espère toujours s'en tirer, mais au fond je souffrais de vous en imposer.

— Ah! vous allez donc nous dire la vérité?

— Oui, monsieur. Dans le silence et la solitude j'ai beaucoup réfléchi et je me suis dit : Tromper la justice est un second crime ; il faut avouer.

« A ce prix j'aurai le repos des jours et des nuits qui me restent et peut-être mon repentir et ma sincérité me mériteront l'indulgence de mes juges.

« Mais il ne fallait pas attendre pour parler au dernier moment.

— Sans doute.

— Mon crime, en restant inexpliqué, paraîtrait d'ailleurs plus affreux qu'il ne l'est en réalité. C'est moi qui ai tué Maria. Mais si vous saviez comment les choses se sont passées... Je n'ai pas eu tous les torts non plus, allez, croyez-le bien.

— Où et quand l'avez-vous tuée?

— Le soir, dans ma chambre.

— Et la maison de Clichy?

— Une invention.

— Et vos complices Blavier et autres ?

— Aussi.

— Mais enfin...

— Voici comment c'est arrivé. Un soir, à Montmartre, comme elle était sortie, je fouillai dans certains tiroirs. Je me doutais qu'elle me trompait et j'en eus bientôt la preuve. Je trouvai des lettres, une photographie... Alors la jalousie me mordit au cœur et la colère me monta à la tête. Je bus quelques verres de cognac pour m'étourdir.

« Sur ces entrefaites, elle rentra.

« Une querelle éclata.

« A mes reproches, la malheureuse répliqua par des défis injurieux. Je ne me contins plus. Je devins fou. L'ivresse du cognac s'ajoutant aux passions qui me possédaient, j'étais hors de moi. Je tombai sur elle.

« Elle cria.

« J'avais peur du scandale ; je la lâchai en lui disant : Veux-tu te taire.

« Puis, en courant dans la chambre, elle cassa un verre auquel je tenais beaucoup et que l'on m'avait donné pour le jour de ma fête.

« Pendant qu'elle se baissait pour ramasser les morceaux, je lui donnai un coup de pied dans le ventre.

« Elle redoubla ses cris :

« Alors je la pris à la gorge.

« Je ne croyais pas l'étrangler. C'était pour la faire taire. Elle tomba pâmée et sans connaissance. Je la retins dans mes bras ; et je la portai sur son lit en me disant :

« Là ! je suis tranquille. » — Puis je bus encore un coup en attendant qu'elle revînt à elle.

« Près d'une heure se passa.

« Etonné de son silence, mais non pas inquiet, — car je l'avais si peu serrée, qu'à l'autopsie on n'a pas relevé la moindre trace de strangulation, — étonné, dis-je, je pris la lampe et la regardai.

« Ses yeux me firent peur.

« C'étaient ceux de la mort !...

« Je me jetai sur elle, j'écoutai son cœur : — Rien !... Je l'appelai comme un insensé, la secouai : — Rien !... Elle était morte et j'étais devenu sans le vouloir un assassin !....

« Vous dire, monsieur André, ce qui se passa en moi en ce moment serait difficile. La tête lourde, les jambes défaillantes, je me laissai tomber sur une chaise, comme anéanti. Quand je sortis de cet état, une partie de la nuit s'était écoulée et je me dis : Que vais-je faire ?

— Il fallait aller trouver le commissaire et lui raconter tout.

— Sans doute. Mais les idées justes et simples sont, je crois, les dernières qui vous viennent en pareils cas. Celle-là, naturellement, ne me vint pas, et je formai les projets les plus bizarres. Fuir d'abord, me cacher. . Puis, reconnaissant la vanité d'un pareil stratagème, cacher le cadavre.

« J'eus la pensée d'enlever quelques planches du parquet et de la mettre dessous.

« J'y renonçai encore.

« Enfin, je résolus de le jeter à l'eau et, pour le transporter moins difficilement, de le couper en deux.

Ici Bernard fit une pause.

Il se tourna vers M. André comme pour juger de l'effet produit par son récit.

— Continuez, lui dit froidement ce dernier. Comment avez-vous coupé le corps en deux ?

— Quand j'eus bu un bon coup pour me donner du cœur, ça s'est fit tout seul... Vraiment, j'aurais cru que c'était plus difficile que ça. J'avais un grand couteau de cuisine.

— Mais pour trancher net les vertèbres ?

— Je donnai un coup de marteau sur mon couteau. D'ailleurs, je vous dirai qu'autrefois au régiment, en Afrique, après une razzia, il m'est arrivé souvent d'être chargé de dépecer des moutons et des veaux.

— Et l'effusion du sang ?

— C'est encore une idée de la justice. On ne réfléchit pas que plusieurs heures après la mort, le sang est coagulé. Il y a eu très-peu de sang répandu.

Malgré la précision de ces détails, M. André n'était point convaincu de la véracité de ce récit.

— Ainsi, dit-il, vous n'avez pas de complices ?

— Non, monsieur.

— Et comment avez-vous porté le corps à la Seine ?

— Sous mon bras.

— A pied ?

— Oui, monsieur.

M. André se rappelait la déposition du cocher.

— Ce détail, reprit-il, est fort insignifiant : que vous ayez porté le corps à pied ou en voiture, peu importe ; cependant, il ne me paraît pas exact, et j'ai lieu de m'étonner que vous mentiez pour un fait sans gravité. Réfléchissez, Bernard. N'avez-vous pas pris une voiture ?

— Non, monsieur. Mais, comme vous le dites, qu'est-ce que ça me ferait de l'avouer ? Aller à pied ce n'est pas une circonstance atténuante.

— Vous espérez donc, Bernard, obtenir le bénéfice de circonstances atténuantes ?

— Certainement, monsieur.

— Pourquoi ?

— Quand la justice saura que si j'ai tué, c'était sans le vouloir, sans intention, elle m'en tiendra compte. Ce n'est pas le corps seul qui fait le crime, c'est surtout, c'est avant tout, l'intention. Si j'ai serré la gorge de la pauvre femme, ce n'était pas pour l'étouffer, mais pour l'empêcher de crier et de faire un scandale qui d'ailleurs lui était aussi nuisible qu'à moi.

« J'ai toujours eu une peur affreuse de faire du scandale. Ça vous donne un air de crapule et c'est ce que j'appelle mauvais genre d'attirer par des disputes les voisins sur son palier. Tout le monde a des querelles dans son ménage : Napoléon I er a eu des mots avec Joséphine. Mais ça ne regarde personne et les cris de la malheureuse auraient attiré tout le voisinage.

— Est-ce là, Bernard, tout ce que vous avez à nous déclarer ?

— Oui, monsieur.

— Vous êtes prêt à renouveler cette déclaration devant M. le juge d'instruction ?

— Quand il le voudra.

— C'est bien, vous serez mandé avant peu.

M. André se retira.

L'instruction qui allait être close demeura ouverte. Ces aveux avaient un caractère surprenant et suspect. Sur certains points ils semblaient fausser la vérité.

Ils étaient incomplets. Enfin Bernard jusqu'à ce jour avait montré assez d'habileté pour qu'on ne lui accordât pas de suite une entière confiance.

Dans cette étrange affaire, chaque fois que l'on croyait tenir la vérité, on était déçu par quelque mensonge ou quelque apparence trompeuse.

CHAPITRE XXIII

Le ferrailleur.

On se souvient qu'après le crime, une femme de la bande des Assommeurs, Stéphanie l'*amorceuse*, avait adressé au Meg l'observation suivante :

— Bernard n'est pas venu tout seul, que pensez-vous de son compagnon ?

— Cet homme, avait répondu l'assassin, était payé par moi pour amener Bernard ici.

Blavier, il est vrai, sans appartenir à la bande, s'était trouvé pour cette fois, à la solde du Meg des Assommeurs. Mais il n'avait reçu que la moitié de la somme qui lui était promise. Avant donc d'abandonner le costume, le rôle et le nom de Blavier pour ceux de Pierre Castelli, il songea à recouvrer l'argent que lui devait l'homme aux gants noirs; non qu'il eût besoin de cette somme, mais parce qu'il lui fallait un prétexte pour pénétrer chez le chef des Assommeurs.

Celui-ci portait dans le monde le nom d'emprunt de baron de Cahusac.

Il écrivit un mot au baron pour le prévenir de la visite intéressée qu'il se proposait de lui faire ; puis, le jour fixé pour l'entrevue, il se costuma et se grima avec un soin particulier.

Il avait plus d'une précaution à prendre avant d'aller chez le chef de bandits. On ne s'aventure pas dans l'antre du lion sans se demander comment on en sortira.

Il revêtit deux mac-farlanes d'étoffes légères, doublés de façon à pouvoir être retournés. Ces deux manteaux superposés, étaient destinés à ces transformations rapides qui lui étaient familières. Il changea de perruque et de fausse barbe et se coiffa d'un chapeau mou, dont en un tour de main il savait modifier la forme.

Sa toilette terminée, il tira de sa garde-robe un pantalon et un chapeau semblables à ceux qu'il portait, et muni de ces objets, se mit en route.

Il suivit à pied l'avenue de Saint-Ouen.

Là, dans une baraque sordide et ténébreuse, vivait un rôdeur de barrières qu'il connaissait de longue date et dont il avait besoin.

Cet individu, nommé Limousin, se donnait pour marchand ferrailleur. Grâce à cette profession, il pouvait s'entourer de cent objets dont autrement la police lui eut contesté l'emploi : — Des collections de clefs, des outils de serrurier, des barres de fer, des couteaux, des lames de toutes dimensions et de toutes formes, que la rouille semble mettre hors d'activité de service.

Ce Limousin, après avoir dans sa jeunesse longtemps *travaillé* comme *cambrioleur* (voleur d'appartement) et avoir séjourné dans nos établissements pénitentiaires les plus confortables et les plus célèbres, s'était retiré à la campagne.

En définitive, rien ne vaut la liberté et le chez soi.

Tout en vendant aux passants et aux confrères, de temps en temps, selon l'occasion, le marchand ferrailleur ne refusait pas une affaire au dehors et faisait encore sa petite effraction, tout comme un autre.

Il avait conservé avec Blavier d'excellentes relations et lui gardait le sentiment de considération qu'un artiste inférieur éprouve pour un maître ; ignorant qu'il eût appartenu à la police et ne voyant en lui qu'un voleur. Le soir tombait.

Il allait fermer sa boutique lorsque Blavier entra chez lui. Il ne le reconnut pas d'abord.

— Qué désirez-vous ? demanda-t-il.

— Eh bien ! fit l'autre en riant, on ne reconnaît donc pas son vieux zig de Montmartre ?

— — Ah ! nom de nom ! Il fait si noir déjà... Et puis, faut en convenir, tu

Monsieur a l'air trop comme il faut...

ne te ressembles plus, t'as le vrai chic d'un *pante* (bourgeois), l'air cossu à te faire attaquer.

— Hein ! c'est épatant, repartit Blavier continuant à jouer son rôle. Voilà ce qu'il faut, mon vieux Limousin, quand on va dans la haute. Et quelles nouvelles ?

— Rien. Trochon le *fourgat* a été condamné à quinze mois pour avoir acheté du *gras-double* (plomb en feuille), et Zi-Zi la râleuse en a attrapé pour deux ans. Et toi, ça va bien, à ce qu'il paraît ?

— Oh ! moi, je suis à mon aise, et tel que tu me vois je vais en recouvrement.

— Bigre ! Tu es devenu créancier ?

— Oui, et créancier d'un baron, un seigneur de ta connaissance, le noble sire de Cahusac.

— Ah!... fit Limousin, sur qui ce nom parut faire une certaine impression.

— Es-tu libre ce soir? demanda Blavier.

— Oui.

— Eh bien, je t'emmène.

— De quoi s'agit-il?

— D'une simple promenade peut-être ; tout dépendra des circonstances. En tout cas je te payerai largement. A cette promesse, le visage de Limousin s'épanouit. Il savait par expérience que Blavier n'était pas un ladre et croyait déjà entendre le son joyeux des louis d'or.

— Mais causons, reprit l'autre. Y a-t-il un siège disponible ici?

Et Blavier chercha autour de lui une chaise qui eût conservé ses quatre pieds et qui ne fût pas encombrée de ferrailles ou de guenilles. Il découvrit un escabeau.

— Faut-il de la lumière? demanda Limousin.

— Non. En trois mots voilà la chose. Je vais chez le baron. Tu sais comme il est ; en sortant de chez lui, je suis presque sûr d'être filé par un de ses hommes. Et même, comme je ne suis pas bien avec lui, il est possible qu'il me fasse donner un coup de couteau. J'ai donc pensé à toi pour m'accompagner à mon retour de chez lui. Ça te va-t-il?

— Ça me va, mon meg ! répondit Limousin.

— Mais tu t'engages à m'obéir en tout?

— Comme toujours.

— Je t'apporte, reprit Blavier, un pantalon et un chapeau semblables aux miens. Tu vas secouer ta limaille, te requinquer un peu et t'introduire dans ces culottes qui, de ce jour, deviendront ta propriété. Elles t'iront comme un gant : nous sommes de même taille.

Le ferrailleur prit le pantalon et l'examina à la porte avec admiration.

— Accepté, dit-il. Dans un instant je serai prêt à te suivre.

Un quart d'heure plus tard, les deux amis se dirigeaient vers Paris. Arrivés sur la place Clichy :

— Où demeure le baron? demanda Limousin.

— Boulevard Haussmann, pas loin du parc Monceaux, répondit Blavier. Tu m'attendras dans le parc, à un endroit que je te montrerai. Je te dirai là ce que je veux faire. Maintenant, suivons la rue d'Amsterdam, sans avoir l'air d'être ensemble.

Enfin parvenu au parc Monceaux, vers le milieu de la grande allée, Blavier s'arrêta et dit en désignant un massif :

— Tu vois ce petit sentier d'amoureux? Tu le prendras, puis tu te tiendras derrière ces arbres et tu attendras mon retour. Si je suis filé, je passerai près de toi. Je te jetterai un de mes mac-farlanes sur les épaules et tandis que je m'éclipserai dans le massif, tu marcheras tout droit devant toi. Les mouches du baron prendront le change et te suivront. As-tu compris ?

— Oui, meg. Mais après, où irai-je ainsi ?

— Où tu voudras, le mieux cependant sera de remonter vers Montmartre, où nous avons des connaissances.

— Mais enfin où m'arrêterai-je ? demanda Limousin.

— De deux choses l'une, répondit Blavier, ou ils se lasseront de te suivre, ou ils t'accosteront ; dans le second cas, je serai prêt à te rejoindre ; tâche de les attirer aux Vidanges de Bourgogne, et nous les roulerons de la bonne manière, tu peux t'en fier à moi. Maintenant, je te quitte ; il est six heures, *monsieur le baron* m'attend.

Sur ces mots, Blavier sortit du parc et se dirigea vers le boulevard Haussmann.

CHAPITRE XXIV

L'esclave.

C'était sur ce boulevard élégant que l'homme aux gants noirs avait élu domicile sous le nom de baron de Cahusac. Il était assez riche pour ne point gîter avec le commun de la pègre dans un de ces quartiers mal famés qui attirent l'attention de la police.

Toutefois, l'appartement qu'il occupait n'était pas situé en façade, mais au dernier étage d'un arrière-bâtiment. Il s'y trouvait relativement isolé et pour s'assurer, en cas de malheur, une autre issue que celle de l'étroit escalier qui conduisait chez lui, il avait loué deux mansardes. De là on pouvait gagner les toits. Dans ces mansardes, couchaient deux de ses hommes, l'Oreillard et le boucher Bossuges, qui jouaient le rôle de domestiques.

Quant aux gens mal mis, ou de physionomie suspecte, ils n'auraient pu, sans être remarqués, monter l'escalier des grands appartements, mais ils pouvaient traverser la cour où se trouvaient les écuries et des logements de domestiques.

Cahusac, dont nous avons à peine entrevu la silhouette et avec qui nous devons faire plus ample connaissance, était un homme d'une quarantaine d'années, de haute taille et de mine aristocratique.

De prime-abord, dans ses allures, son geste, son regard, on sentait qu'il était né pour la domination et le commandement.

Sa physionomie aquiline rappelait ces barons du moyen âge qui érigeaient en droit le meurtre et le pillage. C'était la même tête d'homme de proie au front déprimé, au nez crochu, au regard perçant et dur. Ajoutons qu'il avait les goûts de sa race.

Entouré d'un mobilier luxueux, drapé dans une robe de cachemire, chaussé de babouches brodées d'or, ce coquin qui eût fait un si beau pendu, se donnait des airs de gentilhomme.

Vers six heures il entra dans un petit salon qui lui servait de cabinet d'affaires et sonna son valet de chambre Bossuges:

— Vous m'avez demandé, Meg? dit celui-ci.

— Oui, mon garçon; mais déshabitue-toi de me parler argot; cela est bon en campagne. Ici, sans cesser d'être le *Meg*, je suis, pour tout le monde, monsieur le baron.

— Monsieur le baron me demande? fit Bossuges, en s'inclinant légèrement.

— Très-bien, repartit son maître. Voilà le genre d'un serviteur de bonne maison.

— D'un *larbin* des salons, dit Bossuges.

— Encore de l'argot, fit de Cahusac. Votre éducation me donne un mal infini. Mais laissons ce sujet. Il va venir un homme que tu ne connais pas. C'est un nommé Blavier, celui qui a amené Maria d'abord, puis Bernard à la maison de Clichy. Il vient pour toucher son salaire. Je veux profiter de sa visite pour savoir où il perche et ce qu'il fait. Tout ce que je sais de lui, c'est que ce n'est pas un homme ordinaire. Il a un certain mérite et il travaille seul.

— Voudriez-vous l'affilier à notre société? interrompit Bossuges.

— Non, suis mon raisonnement. Cet homme travaille seul, dis-je, mais je n'en sais pas plus long et je suis amené à me demander s'il n'entreprend pas pour d'autres, s'il ne prend pas de commandes. Car enfin l'affaire Maria... Tu dois bien te figurer, Bossuges, que si je me suis dérangé pour cette misérable, et si je te l'ai donnée à diviser, ce n'est pas dans le but de faire un mauvais tour à cet idiot de Bernard et d'exercer tes petits talents de découpeur.

« En agissant, j'avais un but. Je faisais une affaire. Mais lorsque le coup me fut indiqué, je rencontrai Blavier sur mes brisées. Il s'était lié depuis peu avec Bernard et sa femme, j'avais besoin d'un intermédiaire; je le pris. Néanmoins je me demandais ce qu'il faisait là. Pourquoi s'était-il lié avec ce couple insignifiant et misérable? Qu'en voulait-il faire?

« Qui se ressemble se recherche, dit le proverbe, mais justement Blavier n'avait rien de commun avec Bernard et sa maîtresse.

« Alors pourquoi les circonvenait-il, lui, un chercheur d'or?... lui, un chasseur d'hommes?...

« Où voulait-il les conduire ? Où je le voulais moi-même très-probablement. Mais alors, il avait le même intérêt, et, comme moi, il avait derrière lui quelqu'un prêt à le payer. Comprends-tu ?

— Parfaitement, répondit Bossuges. Vous voudriez savoir où ce Blavier demeure afin de connaître ses relations et de découvrir le secret de sa conduite.

— Oui, reprit le baron, et surtout enfin la main qui le payait !.. Je ne veux pas que l'on marche sur mes brisées, que l'on fasse des fouilles sur mon terrain : quand, dans un siége, deux mineurs des camps opposés se rencontrent, il faut que l'un des deux périsse.

« Qui sait ? Ce Blavier en pense peut-être autant de moi ?...

« Pour conclure : l'Oreillard et toi vous filerez cet homme, et pour cela, vous prendrez la petite tenue d'ouvriers qui font le lundi. Vous vous adjoindrez Stéphanie.

— Stéphanie ! fit Bossuges surpris.

— Sans doute, je vais lui faire la leçon, dis-lui de venir me trouver. Va l'habiller et avertis l'Oreillard. J'ouvrirai moi-même à Blavier.

Bossuges sortit, et un instant après, Stéphanie entra chez le baron. Cette fille qui, dans la bande avait l'emploi d'*amorceuse*, chez Cahusac, remplissait les fonctions de femme de charge. Selon le rôle qu'elle avait à jouer, elle prenait tel ou tel autre costume. Aujourd'hui bonne d'enfants, demain fille de bals, ou rôdeuse de barrière, ou princesse des bords du lac, ou reine du trottoir.

D'après cela, vous jugez que c'était une créature aussi habile que séduisante.

Bien faite, bien tournée, d'une carnation fraîche et riche, d'un blanc rosé à donner des idées d'anthropophagie, Stéphanie était toute attraction, toute amorce. De ses grands yeux bleus frangés de cils noirs, elle faisait ce qu'elle voulait, du velours ou du feu, des caresses langoureuses ou des désirs irritants. Sa bouche d'enfant avait de fins sourires et des mots obscènes. Et ces contrastes de jeunesse et de corruption, de beauté et de vice en faisaient la fille la plus dangereuse de Paris. On n'eût pu dire quand elle était plus attrayante, ou en jupe courte, ou en robe à traîne ; en bonnet de mousseline, ou en chapeau de velours. On n'eût pu dire quand elle était plus belle, ou accroupie comme une odalisque sur le divan d'un café, ou demi-nue, ses longs cheveux déroulés sur ses épaules de neige, présidant en bacchante à une orgie des Assommeurs.

Cette fille étrange eût gagné des millions aux boulevards ; mais elle n'était pas libre. Elle appartenait aux bandits ; un secret l'avait livrée à Cahusac et la faisait son esclave.

Elle ne se sentait pas née pour le métier qu'elle faisait, pour passer par

les sentiers fangeux des rôdeurs, s'accouder aux tables de leurs bouges et
se souiller de leurs crimes. Un seul vice eût suffi à parer son cou de perles
ou ses cheveux de diamants. Elle eût pu être une heureuse et belle courtisane ; elle n'avait pas besoin du crime. Elle y songeait souvent, et ce fut à
ce rêve que Bossuges vint l'arracher, lorsqu'il lui dit que le baron la demandait.

— Allons, esclave, se dit-elle, lève-toi ; le maître t'appelle.

Elle jeta un regard à sa glace, accorda un sourire au peignoir de batiste
dont les plis serrés dessinaient une taille à la fois élégante et robuste, et
une perfection de formes irréprochable ; puis elle se rendit à l'appel de
Cahusac.

Le baron, à sa vue, réprima à peine un mouvement de mauvaise
humeur.

— Il est permis d'être jolie, dit-il, mais pas comme cela. Tu tournes
trop à la duchesse.

— Mais, monsieur, fit-elle, où il y a le plus, il y a le moins, et il est plus
facile de faire d'une duchesse une chiffonnière, que d'une chiffonnière une
cocotte. Que voulez-vous de moi ?

— Voici, dit le baron d'un ton sec. Tu vas sortir avec deux bons ouvriers
en train de rigoler et de faire le lundi, le brave Bossuges et le joyeux
Oreillard. C'est te dire la toilette que tu dois faire : bonnet de trente sous
à rubans rouges, robe de dix francs et le reste assorti. Tu obéiras à Bossuges. Tu auras pour mission de plaire à un individu que vous rencontrerez, un *pègre* et un roublard des plus dangereux. Mais tu le connais.

— Ah ! fit Stéphanie d'un air dédaigneux, c'est possible, j'en connais
tant de cette espèce.

— Tu l'as déjà vu. C'est cet homme qui, la nuit, à Clichy, a amené Bernard et dont tu m'as demandé ce que je pensais.

— Encore de ce sale monde !...

— Ah ! ma fille, Blavier est un confrère, et si tu as de la batiste sur la
peau, c'est à du sale monde comme lui que tu le dois.

— Oh ! je gagne bien mes nippes, fit Stéphanie, et je ne dois rien à personne.

— Je ne te reproche rien ; je te rappelle au sentiment de la situation. Il
faut accepter la vie comme elle t'est faite et te plier à toutes les nécessités
du rôle que tu as accepté. Je vois depuis quelque temps que tu deviens
ambitieuse. Ce qui te semblait drôle autrefois te répugne aujourd'hui. Il
ne faut pas comme cela te dégoûter de la crapule. Elle a son utilité, ses
côtés intéressants pour les curieux, sa saveur et son pittoresque pour les
gens blasés. Tu as besoin de la crapule. Chaque fois que tu t'y plonges, tu
en sors plus forte ; tu y gagnes plus d'appétit au partage du butin ; ta voca-

tion s'y retrempe. Il y a des personnes aussi jolies que toi à qui l'on
ordonne des bains de boue, ou des bains de sang.

— La comparaison est heureuse, fit Stéphanie.

— N'est-ce pas?

— Car ces hommes ça pue, ça *schlingue*, c'est écœurant, c'est de la boue.

— Stéphanie, fit le baron, aimes-tu le fromage?

— Oui; mais pourquoi ça?

— Si tu l'aimes vraiment, tu dois l'aimer quelle que soit son espèce : Brie
ou Livarot, Chester ou Marolles, Roquefort jeune ou vieux, quelle que soit
la saveur, c'est toujours du fromage. Pour une courtisane, il n'y a que
l'argent.

— Je voudrais bien savoir, dit Stéphanie, si à l'égard des femmes vous
pratiquez la même théorie, si la dernière guenuche ramassée dans le ruisseau vous plaît autant qu'une jolie femme qui sort du bain.

— Non, fit sèchement de Cahusac, mais ma condition n'est pas la tienne.
Tu es marchande de plaisir et moi j'en suis acheteur.

« Séduire, amorcer, tromper, voilà ton rôle.

« L'homme, quel qu'il soit, voilà ton moyen.

« L'argent, voilà ton but.

« Moi, je ne demande aux femmes que le plaisir et je les paye. C'est
bien différent. Et le sérail parisien ne renferme pas de beauté trop chère
pour mon caprice.

— Elles sont donc bien belles celles que vous aimez! fit Stéphanie d'un
ton amer.

Cahusac garda le silence.

— J'ai vu, reprit-elle, dans les théâtres, dans les bals, de bien jolies
femmes qui font courir tout Paris, et pourtant je ne me suis pas sentie
jalouse. Les glaces mentent; les jumelles trompent sans doute.

Le baron la regarda du coin de l'œil.

— Mais non, dit-il avec indifférence, tu es, je te l'assure, une très-belle
fille...

Le front de Stéphanie se colora légèrement.

— Mon goût s'est-il dénaturé, reprit celle-ci avec animation, mes sens se
seraient-ils pervertis au point que le beau et le laid me soient devenus
indifférents? Ce que j'avais gardé d'amour au fond de mon cœur s'est-il
évaporé comme un parfum? Ai-je perdu toute puissance d'aimer et de me
faire aimer, et ne suis-je plus qu'une marionnette dont vous tirez les fils?
Il faut le croire, puisque vous qui êtes intelligent et dont les passions sont
ardentes, vous jugez qu'il en est ainsi.

— Stéphanie, fit le baron avec un sourire railleur, est-ce que tu me
ferais la cour?

— Non, mais votre mépris me tue ; il me blesse et m'afflige.

— Je ne te méprise pas, petite, dit le baron en tendant la main à sa belle esclave.

Celle-ci prit cette main qui lui était tendue et la serra longuement.

De ce contact, de cette étreinte se dégagea comme un fluide magnétique. Les traits rigides du maître se détendirent un moment, l'ironie toujours flottante sur ses lèvres s'évanouit ; mais ce moment fut rapide, il retira sa main et recouvra son sang-froid.

— Pas de bêtise ! murmura-t-il.

— Que voulez-vous dire ? fit l'amorceuse en l'enveloppant des chaudes caresses de son regard.

— Tu es trop précieuse à l'association pour que je te sacrifie, répliqua Cahusac, et du jour où tu serais ma maîtresse, notre société serait sans maître. L'*amorceuse* n'existerait plus et le *Meg* aurait perdu son autorité. Restons chacun ce que nous sommes.

— Quoi ! fit Stéphanie, sommes-nous donc condamnés à pareille existence à perpétuité ? Suis-je vouée à traîner toute ma vie les bouges de Paris ?

— Je n'ai pas dit cela, répondit le baron d'un air pensif, et le jour où je briserai ma chaîne, tu reprendras ta liberté.

— Mais quand viendra ce jour ?

— Prochainement peut-être... Peut-être jamais.

— Jamais ! répéta l'esclave avec un frisson, ce mot est lugubre.

— Chaque jour mon pouvoir s'étend. Chaque jour le monde mystérieux que je gouverne devient plus nombreux et plus redoutable. Je suis le roi d'une puissance occulte et un roi dans sa force ne saurait abdiquer ; abdiquer sans y être contraint serait trahir. Il n'y a que deux camps dans la société ; celui des gens qui vivent soumis aux lois et celui des révoltés. En me dérobant à ces derniers, je semblerais me rallier aux autres. Qui pourrait admettre ma neutralité ?

« J'ai ourdi trop de trames, je possède trop de secrets.

Baissant la voix :

— J'ai derrière moi trop de cadavres ; autour de moi trop de poignards. Quand le dompteur se retire de la cage des tigres, il ne leur tourne jamais le dos, et quand la porte se ferme brusquement sur lui, les pattes des fauves éraflent déjà le chêne. Je ne connais point de porte qui s'ouvre à temps et se referme assez vite sur moi. Je reste. Toi, ma fille, demeure aussi. Profite du moins de la sécurité que je t'assure ; tu ne la trouverais pas ailleurs.

Une expression de tristesse et de découragement se lisait sur le front de Stéphanie.

Pas de dispute au sein de l'établissement! (Page 123.)

— Mais, reprit-elle, ne pourriez-vous du moins m'épargner les corvées répugnantes que je fais depuis quelque temps?

— Si, je te le promets ; mais pour aujourd'hui, ma chère, il faut encore rigoler au caboulot. Blavier est un indépendant, un individu qui travaille seul et que j'ai rencontré marchant sur ma voie. Il faut prendre cet homme à ton regard d'aimant. Il est nécessaire que je sache ce qu'il est, ce qu'il fait et ce qu'il veut.

« Maintenant, quittons-nous et va t'habiller. Cette petite affaire a son importance, et soigne-la si tu veux m'être agréable. Bossuges ira te prendre. Dépêche-toi.

— Vous serez content de moi, dit l'amorceuse résignée.

A peine était-elle sortie, on sonna.

— C'est lui, se dit le baron.

Et il alla ouvrir. C'était Blavier.

— C'est toi, l'ami? lui dit Cahusac d'un ton protecteur... Entre donc dans mon cabinet.

« Eh bien! reprit-il en lui offrant un siège, de quoi s'agit-il?

— Mais, monsieur le baron, répondit Blavier, je viens régler notre petit compte.

— Nous avons donc un compte ensemble?

— J'ai l'honneur, reprit Blavier d'un ton moitié sérieux moitié plaisant, de compter monsieur le baron au nombre de mes débiteurs.

— Je l'avais oublié.

— Moitié avant et moitié après, m'avez-vous dit. J'ai touché cinq cents francs; reste donc...

— C'est juste, répondit Cahusac. Vois dans la sébile qui est sur ma cheminée; tu y trouveras, je crois, ce qui te revient.

Blavier se leva et prit vingt-cinq louis dans la sébile remplie d'or. Sa main tremblait un peu et son regard se troublait, cependant il n'en prit pas plus; il se respectait trop pour cela.

— Eh bien, fit Cahusac, ce pauvre Bernard est dans de fichus draps!

— Tant qu'on n'est pas à la Roquette, répondit Blavier, il y a de l'espoir. Il se peut qu'il en réchappe.

Il fixa l'assassin, mais sans pouvoir surprendre dans ses traits la moindre émotion.

— Ah! cela m'est parfaitement égal, repartit celui-ci. Mais toi, tu dois souhaiter de revoir un ancien ami.

— Mon ami, fit Blavier en haussant l'épaule, c'est-à-dire qu'on se voyait par hasard et qu'on s'offrait une tournée quand on se rencontrait, voilà tout. D'ailleurs, je ne compromettrai pas un ami, même pour mille francs.

— Tu as le sac, à ce qu'il paraît?

— Si je l'avais, j'irais grignoter tranquillement mes rentes dans quelque coin.

— Encore pour cela te faudrait-il être en règle.

— Le monde est grand, dit Blavier. Vous vivez bien boulevard Haussmann, vous!

— Ah! fit le baron avec un sourire, on n'a rien à reprocher à M. de Cahusac, mon noble écusson est pur de toute félonie.

— Eh bien, j'en achèterai un d'occasion comme le vôtre, répliqua Blavier en riant. Mais, il est tard, je vous quitte.

— Au revoir donc, mon vieux Blavier.

— Au revoir, baron.

— Prends garde aux voleurs.

Comme Blavier gagnait la porte, Cahusac toucha un timbre.

— Attends, je vais t'ouvrir, ajouta-t-il. Je rallume mon cigare.

Puis, pour donner aux siens le temps de descendre.

— Prends donc ce londrès, ajouta-t-il, j'en ai d'exquis.

Blavier alluma son cigare.

— Merci baron et au revoir, dit-il, en prenant l'escalier.

Presque aussitôt Bossuges, l'Oreillard et Stéphanie arrivèrent dans le vestibule.

— Il descend, dit le maître, attention! Il les attira à une fenêtre.

« Regardez-le bien, ajouta-t-il. Maintenant, suivez-le et bonne chance ; mais soyez de retour avant demain.

« Tu n'as pas oublié ton couteau ? dit-il encore à voix basse à Bossuges.

— Non, maître.

— Si, à l'occasion, tu peux me débarrasser de cet homme, n'y manque pas.

Ils descendirent l'un après l'autre, et bientôt ils aperçurent Blavier qui montait le boulevard dans la direction du parc Monceaux.

CHAPITRE XXV

Le change.

Blavier marchait sans se presser ; il s'attendait à être suivi et n'en redoutait rien, au contraire. *Filer* et être *filé* lui étaient également familiers ; il s'était habitué à ces deux exercices. Après avoir jeté un coup d'œil sur les deux côtés du boulevard, comme il n'y a jamais foule en cet endroit, il put trier rapidement les passants douteux pour lui, et en fixer l'aspect dans sa mémoire. Il ne lui resta plus ensuite qu'à faire la petite manœuvre de va-et-vient d'une femme qui veut savoir si elle est suivie.

Il passa de droite à gauche, puis de gauche à droite, s'arrêta, musa, reprit une marche rapide et reconnut enfin qu'il était sous la surveillance de deux hommes qu'accompagnait une femme en bonnet.

Ces deux individus, habillés comme des ouvriers pauvres et dont les vêtements fripés semblaient sortir du mont-de-piété, pour l'œil expert de Castelli ne déguisaient qu'imparfaitement leur véritable profession. Nous connaissons déjà le boucher Bossuges, l'exécuteur des hautes-œuvres de la bande; son compagnon, l'Oreillard, était un petit ragat aux jambes arquées, et aux bras longs comme ceux d'un bossu. Sur des épaules voûtées il portait une tête d'une remarquable bestialité. Granville en eût saisi les analogies avec celle du cochon : l'œil petit, pâle et malicieux, les oreilles larges et plates, surtout la lèvre supérieure retroussée par deux dents saillantes et aiguës.

Cependant Blavier ne tarda point à s'engager dans le parc Monceaux. Il avait gardé une vingtaine de pas d'avance lorsque, arrivé à l'endroit marqué à Limousin, il se déroba brusquement derrière un massif.

Limousin, était à son poste; le change s'opéra. Blavier lui jeta un mac-farlane et s'enfonça dans un fourré où il s'accroupit et se dissimula complétement, grâce à l'obscurité profonde qui régnait à cette heure.

Les trois mouches du baron, en débouchant à leur tour derrière le massif, crurent retrouver leur homme dans la personne de Limousin qui regagnait la grande allée.

A peine avaient-ils contourné comme lui le bouquet d'arbres, Blavier sortit de sa cachette, de son chapeau plat fit un chapeau pointu, mit dans sa poche ses moustaches et sa barbiche, puis fila ceux qui l'avaient filé.

Ainsi qu'il en avait l'ordre, Limousin prit le boulevard des Batignolles afin de regagner Montmartre.

— Est-ce qu'il va nous faire aller longtemps ainsi? fit l'Oreillard.

— Marchons plus vite, dit Bossuges. Il a l'air pressé; aurait-il remarqué que nous le suivons? Il a le sac, ce soir, il n'est pas disposé à s'amuser en chemin.

— Il faudrait courir pour le rattraper, cet animal-là, dit Stéphanie.

— Inutile; faut savoir, dit Bossuges, où il loge. Il ne gardera pas tout son argent sur lui.

— Ah! bien! espérons-le, fit l'Oreillard, et nous donc?... il nous gardera bien notre part.

— Ne gueule pas, reprit Bossuges, il y a quelqu'un derrière nous.

L'Oreillard tourna la tête, et voyant Blavier :

— Tiens, dit-il, encore un mac-farlane. Il paraît que c'est grande mode. Est-ce qu'il y a longtemps qu'il marche derrière nous?

— Depuis le parc.

— C'est singulier.

— Voilà l'Oreillard qui a le *taff*, dit Bossuges à l'amorceuse; il ne lui en faut pas plus.

— Si Blavier se croit suivi, dit la fille, il nous échappera. Nous approchons de la place Clichy, il grimpera sur un omnibus et alors, bonsoir!... Il n'y a pas toujours quatre places.

— C'est vrai, répondit Bossuges. Eh bien, accostons-le, c'est plus prudent. Employons le truc de l'engueulade. Puisqu'il nous force à courir, disputons-nous un peu; toi, Fanny, tu crieras et tu t'ensauveras de son côté. Une fois rattrapé, nous nous apaiserons et l'on causera.

— Ah! voyons!... as-tu fini, sale muffle! glapit l'amorceuse en dégageant brusquement son bras de celui de Bossuges.

— Sacrée v....! cria ce dernier, viens-tu ici, chameau! Attends un peu j'vas t'arranger!

Fanny courut en avant poursuivie par Bossuges toujours hurlant, tandis que l'Oreillard se tenait les côtes de rire :

— Oh! la la ! ces enfants-là, y m'front crever.

— Arthur! défends-moi, cria Fanny à celui-ci.

Et elle se mit à tourner, comme une fillette qui joue, autour de Limousin qu'elle avait fini par rejoindre et qui s'arrêta.

— Pardon, monsieur, fit alors poliment Bossuges au faux Blavier. Faites excuse, c'est jeune... Fanny, viens-tu ici, p'tite rosse, ajouta-t-il d'un ton radouci.

Cette fois elle obéit et reprit le bras qu'elle avait quitté, avec une sorte de câlinerie.

Puis, d'une voix au timbre clair, si étrange, quand elle s'allie au parler traînant de la banlieue :

— C' pauvre monsieur, je lui ai fait peur!... faut pourtant pas que j' fasse déjà peur aux hommes.

— Mossieu, reprit l'Oreillard en s'adressant à Limousin près duquel il se mit à marcher, à l'air trop comme il faut pour se formaliser d'un enfantillage. Il sait bien ce que c'est que des gens qui s'amusent.

Et comme l'étranger gardait le silence :

— N'est-ce pas, monsieur? insista l'Oreillard.

— Allez toujours, ne vous gênez pas, dit Limousin.

— La petite, reprit l'Oreillard, est bien bonne fille, mais elle est un peu partie.

— Qu'est-ce qu'il jabotte sur mon compte, ce monstre-là. Monsieur, n'écoutez pas Arthur.

Et entraînant Bossuges, elle vint se placer effrontément de l'autre côté de Limousin. Elle le regarda en riant, d'un air qui quêtait un sourire, une attention. Et, malgré lui, le ferrailleur ne pût s'empêcher de la trouver jolie. Son cœur, après tout, n'était pas aussi dur que sa marchandise. Mais il savait à qui il avait affaire et il se domina.

— Vous êtes gaie, la belle enfant, dit-il.

— Moi, j'aime rien qu'à rigoler, et vous?

Limousin garda le silence.

— Y n'dit rien, reprit Fanny. Y n'ose pas, il a peut-être peur de rendre le *mien* jaloux. Ah! malheur, j'voudrais voir ça qu'il s'rait jaloux. Vive la passion et la rigolade, mais la jalousie, c'est du genre, avec moi y n'en faut pas!

— Tiens-toi ! tiens-toi donc, fit Bossuges. Tu vois bien que tu embêtes ce monsieur.

— Mes enfants, dit l'Oreillard, voilà la place Clichy. Il y a là le petit père Charoux... Chaillou, Cailloux... je ne sais plus comment, qui tient une absinthe délirante. Je ne vous dis que ça... J'offre une tournée.

Puis, s'adressant à Limousin :

— Monsieur ne refusera pas de trinquer avec nous ?

— Merci, répondit l'autre.

— Une politesse ne se refuse jamais.

— Je suis pressé.

— Sa petite femme l'attend, dit Fanny.

Alors Bossuges, d'un ton mauvais :

— C'est peut-être parce que nous ne sommes que des ouvriers.

— Non, monsieur, dit-il, je suis ouvrier moi-même.

— Dans quelle partie, sans être trop curieux reprit l'insinuant Oreillard.

— Mécanicien.

— Ah ! dit la fille, vous raccommodez les mécaniques. C'est un bon état ; vous devez avoir de l'ouvrage.

— Mais tiens-toi donc ! grommela Bossuges.

— Puisque monsieur est ouvrier, insista l'Oreillard, il ne nous fera pas affront... Voilà le père Chatou. C'est la maison en face.

— Entrons, dit froidement le ferrailleur.

Mais avant d'entrer, il regarda derrière lui et à quelque pas aperçut Blavier.

L'Oreillard commanda trois absinthes et une gommée. On consomma debout au comptoir et l'on trinqua. L'Oreillard jeta ses douze sous. — Bossuges dit :

— J'paye la mienne. Patron, une tournée.

— Chacun sa chacune, dit l'amorceuse, qui ne cessait de faire de l'œil dans la glace à Limousin.

Les verres se remplirent et se vidèrent de nouveau. Fanny se pourlécha les lèvres comme une chatte après une lappée de crème, puis continua ses agaceries, mania le manteau de Limousin :

— Vous avez chaud là-dessous ? dit-elle.

« Pourquoi que ça s'appelle mac-farlane ?

« Qu'ça veut dire mac-farlane ? C'est pas une cochonnerie ?

Limousin se prit à rire.

— C'est de l'anglais, répondit-il.

— Est-elle délirante! fit l'Oreillard.

Puis levant son verre :

— Allons, mes enfants, à la vôtre !

— A nos amours ! dit la fille en fixant dans les yeux de Limousin son regard troublant.

Cet homme coriace sentit la flamme de ce regard courir dans ses veines comme un poison.

Il baissa les yeux, et répondit à la provocation par un sourire épais. Puis, essayant de reprendre contenance :

— J'en paye une, dit-il.

Voyant que Limousin mordait enfin à l'hameçon, Bossuges voulut lui laisser le champ libre et feignit de chercher un cigare qu'il mit un temps infini à allumer, tandis que l'Oreillard jouant le même jeu prenait part à la conversation d'un voisin.

L'amorceuse alors alla de l'avant :

— Dis donc, mécanicien, fit-elle à voix basse, avec des palpitations qui soulevaient son fichu. Faut t'méfier, tu sais, mais j'suis d'avec toi. Es-tu de Pantin? Si t'es mécanicien d'Pantin, je suis mécanicienne. Je te ferai gagner des *sigues* et des *bréguilles* (des pièces d'or et des bijoux).

« Ça te va-t-il?

— Ça me va, dit Limousin à moitié ensorcelé, quand je vois mon *affure* (mon bénéfice) je suis *paré* (je suis prêt).

— Viens souper avec nous. Nous rigolerons ensemble et à la *sorgue* (la nuit) nous nous *esbignerons* (nous nous en irons ensemble). Mais ne fais rien paraître. Méfie-toi du grand !

Sans doute, Limousin se laissa séduire par l'espoir de posséder une si jolie fille et une complice si habile.

— Allons toujours, nous verrons bien. Et comme Bossuges revenait à eux : Eh bien ! camarade, dit-il, si nous allions souper?

— Où ça? fit Bossuges.

— A Belleville? Je régale.

— C'est bien loin, Belleville.

— Mais non, à l'*Escargot d'or*, près du bal des *Vidanges de Bourgogne*.

— Ah! le bal! fit Fanny en trépignant. Puis moi, j'adore les escargots.

— Allons-y! allons-y, dirent enfin les deux amis, après s'être consultés du regard.

— Partons, dit Limousin en ouvrant la marche.

Blavier, qui venait de jeter un coup d'œil à la vitre se retira aussitôt. Et la joyeuse compagnie se mit en route pour Belleville.

En tournant la croix de la place, Limousin aperçut son meg blotti sous la porte d'une allée, il s'empressa de crier d'une voix tonnante :

— Vous verrez que c'est chic, l'*Escargot d'Or* !

Une demi-heure de chemin les séparait à peine de ce lieu de ripailles.

XXVI

L'Escargot d'or.

La gargote chère à Limousin n'était pas inconnue de Bossuges et de son ami, car sa clientèle se composait principalement de coquins de leur espèce. On y mangeait des escargots qui ne différaient guère que par le beurre de ceux que l'on mange partout; mais où le gargotier se distinguait, c'était dans la préparation de la gibelotte. Ce mets était le dernier mot de l'art culinaire; on aurait juré manger du lapin.

Quant au mouton, c'était du vrai mouton et non du chien, comme on l'a dit; bien que longtemps avant les horribles cuisines du siége, certains restaurateurs aient emprunté leurs gigots de pré-salé aux caniches des environs.

Quant au local, il se composait de trois pièces au rez-de-chaussée : le laboratoire, lieu de mystère et de miracles; la salle à manger, quatre tables et seize chaises; la buvette située à l'entrée ou à la sortie, comme l'on voudra, et répondant parfaitement à sa destination, le débit des apéritifs et des digestifs.

Mes quatre personnages s'étant munis en chemin d'apéritifs suffisants, franchirent la buvette sans y stationner et s'attablèrent au fond de la salle.

L'Escargot, — c'était le surnom du restaurateur, — accourut empressé et souriant, coiffé du béret blanc et sa serviette sur le bras :

— Qu'est-ce qu'il faut servir à ces messieurs?

Limousin, avec une galanterie de l'autre siècle, se pencha vers Fanny :

— Faites la carte, ma petite dame, dit-il.

Fanny minaudant :

— Moi, j'suis pour les douceurs.

— As-tu fini !... grommela Bossuges.

— Madame, dit le gargotier, nous avons des escargots, des pieds de mouton à la poulette, de l'haricot de mouton, de la gibelotte, du veau...

— Du veau ! rechigna Bossuges.

— Madame et messieurs, hasarda l'Oreillard, je proposerai quatre biftecks aux pommes pour commencer.

— Oui, ça me va. — L'Escargot, quatre biff.-pommes, saignants.

— Non, cuits, cuits, protesta Fanny.

— Cui-cui-cui, fit Bossuges. Est-elle bête à faire comme cela le s'rin !

— Et avec ça, messieurs? demanda l'Escargot.

La lutte est engagée... Chahut général. (Page 126.)

— Quatre bouteilles cachet rouge. Et quand on voudra autre chose on te rappellera.

Et, tandis que le restaurateur s'éloignait :

— A-t-il une sale gueule! cet animal-là, reprit Bossuges. Il est aussi laid que l'Oreillard.

Tous quatre se prirent à rire, et ce dernier lui-même, mais d'un air contraint, se penchant un peu comme s'il cherchait la serviette absente.

— Allons, Bibi, reprit Bossuges, n'te fâches pas. Fanny, appelle-le Arthur.

— Voilà, messieurs! voilà! fit l'Escargot chargé de quatre bouteilles. Je mets le couvert. Vous êtes sur le gril. Un peu de patience.

Cet homme intelligent et actif se multiplia.

— Vous voyez, fit l'Oreillard, le *daron* (maître de maison) sait l'ordonnance. Cette *guinche* (gargote) est encore la mieux tenue du quartier.

Bientôt les biftecks arrivèrent, le travail de la fourchette commença. Le mouton aux haricots leur succéda, et de nouvelles bouteilles vinrent prendre rang sur le théâtre de l'action. Ces appétits sérieux laissaient peu de place à la conversation. Seule Stéphanie assaisonnait le repas de quelque plaisanterie salée.

Peu à peu la salle se garnissait de sa clientèle de coquins.

Plusieurs venaient de leur *travail*, cela se lisait dans leurs yeux encore dilatés par la colère ou la peur, ou se voyait à leurs mains égratignées, mordues, entortillées de chiffons. La langue qu'ils parlaient était *le bigorne*, l'argot des voleurs. L'Escargot paraissait les connaître tous. Près d'une heure s'était écoulée. Limousin venait de nettoyer son assiette, autant par habitude que par goût, et voyant apporter la salade faisait au sujet de Blavier des réflexions pénibles ; il craignait d'être abandonné, quand tout à coup une bande joyeuse remplit la buvette.

Cinq hommes et deux femmes qui firent du vacarme pour douze :

— Ohé ! l'Escargot ! hurlaient les hommes.

— A la boutique ! criaient les femmes.

Puis, en chœur, sur l'air *des Montagnards :*

> Holà ! holà !
> Les vidangeurs sont là !
> Les vidangeurs (*bis*) sont là !

En même temps, et tout en chantant, un des nouveaux venus se mit à exécuter un pas de Clodoche à l'entrée de la salle à manger.

— Assez ! assez ! criaient les soupeurs.

Dans cet amateur de chahut, Limousin reconnut Blavier.

Malgré les protestations, celui-ci continua ses dislocations, dont l'intention semblait s'adresser à Stéphanie.

— As-tu fini ? gronda Bossuges, j'vas te décarcasser, moi, tout à l'heure !

— De quoi ? fit le danseur, s'arrêtant brusquement et fixant le boucher d'un air de défi.

— A-t-il la balle d'un singe, hein, Arthur ? reprit ce dernier.

— Jette-lui un sou, dit l'Oreillard.

— Jette donc, toi, gueule de cochon ! répliqua le danseur en s'approchant de la table.

— Hé ! Torgnole ! appela un des hommes de la buvette.

— Torgnole ! appela un autre.

Et Blavier qui répondait à ce nouveau nom, se retourna vers ses amis Mèche-de-Feu, Carambole, Fleur-de-Nuit et Fine-Oseille.

— V'la des pantes qui m'insultent, dit Torgnole.

— Allons! messieurs, intervint l'Escargot, pas de dispute au sein de l'établissement. Ça va faire du vilain.

— C'est le p'tit-là qui a commencé, fit un des consommateurs impatientés en désignant Torgnole. C'est lui qu'est venu faire des grâces devant *la gonzesse* (la femme).

— Allons, les amis! reprit l'Escargot.

— Fais ton devoir, toi! dit Carambole en s'adressant au gargotier, et donne-nous à boire. De quoi te mêles-tu? Si on veut s'expliquer, est-ce toi qui l'empêchera?

— Mais ces messieurs ne vous disent rien.

— Ces messieurs, répliqua Carambole, ont insulté mon ami. C'est des mufles!

— Oui, des mufles! appuya Mèche-de-Feu.

— Sauf la petite qu'est vraiment gironde, murmura Fleur-de-Nuit en lorgnant l'amorceuse.

— Viens-tu, toi? fit Boule-de-Suif, prise de jalousie.

— Ah! vrai, c'est délirant! marmottait l'Oreillard.

— C'est des vidangeurs qui vont au bal, dit Bossuges à Arthur. Laisse faire, je connais les *Vidanges de Bourgogne*. J'vais raccoler les tondeurs de chevaux et nous leur réglerons leur compte. Nous sommes de r'vue! cria-t-il à Torgnole et à ses amis qui rentraient dans la buvette.

Lorsque ces derniers se furent rangés devant le comptoir garni de petits verres :

— Voyez-vous, dit Blavier, c'est dégoûtant de voir de la crapule comme cela envahir un bal de gens convenables. Tout ça, c'est de la *pègre*, c'est déshonorant.

— Oui, dit Mèche-de-Feu, il faut avoir son amour-propre et les empêcher d'entrer.

— Oh! encore des disputes, fit une femme qui n'était autre que Fanchon la Ravigotte.

— Si tu veux danser avec des *grinches*, toi! répliqua Carambole. L'ami Torgnole a raison, faut pas que ces gens-là se mêlent à notre société.

— Je me charge du grand qui m'a insulté, moi, dit Torgnole.

— Moi, d'la tête de cochon, dit Mèche-de-Feu.

— Vous allez voir qu'il n'en restera plus pour moi, fit Carambole en riant.

Cependant, dans la salle, Bossuges, pourpre de colère et de vin, disait à ses amis.

— Ils ne sont pas si terribles, ces vidangeurs! Ceux que vous avez vus sont les plus malins de la bande.

« Eh bien! après tout, dans les cinq, il n'y a jamais que deux hommes. Et je mettrai de notre côté les tondeurs de chevaux.

« Voyez-vous, je connais ça ! ce n'est pas la première fois que je viens ici. Les tondeurs et les vidangeurs sont ennemis déclarés. Il ne s'agit que de dire un mot aux tondeurs, de les animer et de leur offrir un coup de main.

Et comme Limousin écoutait silencieux.

— Tu en es, toi, mécanicien ?

— Parbleu ! fit celui-ci, puisque je suis de votre société ; d'ailleurs, un coup de torchon, ça fait la digestion.

Bossuges remplit les verres ; on trinqua et le ferrailleur se penchant à l'oreille de sa voisine :

— Ce s'ra l'moment de vous esbigner, lui dit-il tout bas.

Celle-ci vit l'Oreillard qui les épiait.

— Oh ! fit-elle tout haut en riant, moi, je n'ai peur de rien !... j'ai mes griffes et je mords.

L'Oreillard se méfiait.

— Les voilà qui s'en vont, ajouta-t-elle.

— Nous savons où les rattraper, répéta Bossuges. Allons ! le café et f...ichons le camp. — Escargot, les demi-tasses !

Au même instant, entra un grand garçon qu'une blouse d'une longueur démesurée faisait encore paraître d'une taille plus élevée. Il jeta un coup d'œil à la glace et lissa d'une main coquette les acroche-cœurs collés sur ses tempes.

— En voilà un, dit Bossuges en se levant ; c'est un tondeur, j'vais le pré-venir. Faites-lui une place à la *carrane* (table).

Il passa dans la buvette :

— Jeune homme, lui dit-il, va-t-on ce soir au bal ?

— Oui, pourquoi ça ? demanda l'autre d'une voix enrouée.

— Eh bien, venez prendre un verre avez moi et ma société et je vous le dirai.

Et voyant l'hésitation du jeune homme.

— C'est en ami que je vous parle, reprit Bossuges.

Le tondeur le suivit et accepta une chaise et un verre. L'Escargot servit le café — ce prétexte à larges rasades d'eau-de-vie — et Bossuges expliqua à son invité que les vidangeurs avaient formé un complot contre les tondeurs de chevaux.

Rabillon, — c'était le nom du tondeur, — parut empoigné par l'éloquence de Bossuges. Il nourrissait de longue date la haine du clan de Caram-bole. Il sentait qu'un jour ou l'autre il y aurait un éclat entre les deux partis qui se partageaient l'influence au bal des *Vidanges*. Il était prêt pour la guerre sainte.

— Je vais avertir les amis, dit-il ; comptez sur nous.

CHAPITRE XXVII

Le bal.

Jamais le bal n'avait été plus gai; jamais la réunion n'avait été plus nombreuse et plus brillante. On dansait avec furie, les hommes faisaient des prodiges de dislocation et d'équilibre et les femmes se décoletaient à force de chahuter.

L'orchestre luttait...

Aux tables du pourtour nous retrouvons nos anciennes connaissances. Fleur-de-Nuit dont Boule-de-Suif a orné la boutonnière d'une rose; Carambole et la Ravigotte dans un accord si touchant, qu'ils fument tour à tour le même cigare. Torgnole a offert un vin chaud à Mèche-de-Feu et Fine-Oseille.

Cette attention est fort appréciée de ce dernier, car son épargne est légère et depuis quelques jours l'Ambigu n'a plus d'affiches et fait relâche.

Rien donc ne fait pressentir un orage.

Mais les danses s'interrompent; les musiciens lâchent leurs instruments pour leurs verres et tout le monde se précipite vers les tables.

Ah!.. on se chamaille!.. ah! ça se gâte. En voilà qui se disputent les tabourets... et d'autres qui échangent des gros mots. En même temps un élément nouveau mêle son flot à la tourmente générale. Bossuges, l'Oreillard, Limousin et quelques recrues de l'*Escargot d'or* fraient à grands coups de coude un passage à Stéphanie. On crie, on siffle.

Alors, Carambole éteint son cigare dans sa soucoupe, le met dans sa poche et jette un coup d'œil à Fleur-de-Nuit, à Torgnole et à Mèche-de-Feu.

Celui-ci se crache dans les mains et les frotte avec une joie sournoise. Les autres se lèvent. Quelques vidangeurs ont remarqué leur mouvement et viennent se ranger près d'eux. Les femmes s'inquiètent et celles qui sont restées au milieu de la salle regagnent en hâte différents points du pourtour, comme des barques se réfugient à l'approche d'une tempête.

Le maître de l'établissement dit à son premier garçon :

— C'est un coup d'chien qui s'prépare.

Il va parler aux musiciens pour tenter de conjurer le mal... mais l'art doit rester impuissant.

C'est Rabillon qui met le feu aux poudres en disant à Fine-Oseille :

— Qu'est-ce qu'il me regarde, ce porte-bonheur? Veux-tu te faire manger le nez?

— Va donc tondre tes bêtes, toi, perruquier de *canassons* (chevaux) poussifs! (Rires et applaudissements des vidangeurs.)

Alors Rabillon vexé, se jette sur son adversaire.

Des renforts des deux partis se portent sur le théâtre de l'action. La lutte est engagée!.. Chahut général!

La salle entière est enlevée par un tourbillon de frénésie belliqueuse. C'est plus beau que le bal. Dans la mêlée on distingue des groupes de lutteurs émérites : ici Mèche-de-Feu et l'Oreillard ; là, Carambole aux prises avec cinq ou six tondeurs comme un sanglier énorme, faisant tête à une meute, Fleur-de-Nuit vient à son aide. Ils sont deux; mais les tondeurs reçoivent des renforts et sont douze.

Tout à coup, un cri s'élève : Trahison! C'est Limousin qui passe aux vidangeurs et va rejoindre Torgnole.

Celui-ci a entrepris de démolir Bossuges. Le robuste boucher reçoit dix coups de pieds et dix coups de poings avant de pouvoir en placer un seul. Son adversaire est d'une agilité qui l'ahurit : il ne sait plus bientôt s'il est grand ou petit, s'il est à droite ou à gauche. Il rugit de fureur impuissante. Son visage ensanglanté n'est qu'une meurtrissure. Il cherche son couteau.

Mais Torgnole a compris ce mouvement. Il se jette sur lui et tous deux roulent sur le sol. Ils disparaissent un moment dans cette indescriptible mêlée dont les femmes viennent d'augmenter le chaos.

Du côté des vidangeuses, c'est la Ravigotte et Boule-de-Suif, qui se distinguent; du côté des tondeuses, c'est Gorge-Chaude et Planche-à-Pain, — deux sœurs, qui se portent l'une à l'autre un mutuel secours.

Gorge-Chaude, hissée sur une table, crêpe le chignon de Boule-de-Suif. Un moment elle croit la tenir par la chevelure.

Illusion! la Boulotte s'échappe, lui laisse ses fausses nattes à la main, puis, se jette à ses jambes et lui mord les mollets à belles dents. Gorge-Chaude s'agite avec des contorsions de serpent et des cris de caniche écrasé.

Elle bat l'air de ses longs bras, tandis que l'autre la dévore plus haut, toujours plus haut!

Mais Planche-à-Pain l'aperçoit, étreint Boule-de-Suif, la jette à terre.

— Tiens! mords, dit-elle, et elle s'asseoit dessus!...

Sa sœur est vengée.

— Ah! ça ne se passera pas comme ça, s'écrie la Ravigotte.

Et l'on ne sait pas ce qui serait advenu du combat de Fanchon et de Planche-à-Pain si, tout à coup, des quatre coins de la salle, ce cri de détresse ne s'était élevé :

— Le gaz!.. le gaz s'éteint. Sauvez-vous!..

En deux minutes, aux plus brillantes clartés succédèrent les plus profondes ténèbres.

A qui la victoire ?... C'est la garde que le municipal a appelée qui le saura en ramassant les assommés et les éclopés.

Cependant ni Carambole, ni Mèche-de-Feu, ni Fleur-de-Nuit ne sont au nombre de ces derniers. Ils sont dehors, eux et leurs dames. Torgnole et Limousin se retrouvent dans la rue également. Stéphanie s'est depuis longtemps dérobée.

Le gaz s'éteignait au moment où Blavier roulait Bossuges. Mais Blavier avait deviné où le boucher tenait son couteau et le lui avait enlevé.

Lorsqu'il se trouva dehors dans une rue déserte, il s'approcha d'un bec de gaz et examina l'arme de Bossuges.

C'était le couteau qui avait servi au crime de Clichy. C'était aussi un couteau qui, déjà tombé entre les mains de la police, avait servi d'instrument à d'autres assassinats. Castelli le reconnut.

Ce couteau, trouvé par lui jadis sur le théâtre d'un meurtre, avait servi de pièce de conviction.

Castelli le considéra avec une attention à laquelle se mêlait une joie profonde.

« Comment ce couteau a-t-il été volé au Palais de Justice ? se demanda-t-il. Je le saurai. Et tout cas, il reste entre mes mains une pièce de conviction contre Bossuges, le baron et leur bande. »

Blavier-Castelli, ou Torgnole, n'avait pas perdu sa soirée !...

Cependant il garda pour lui le secret de sa précieuse découverte. Limousin n'était pas à la hauteur de ses desseins.

CHAPITRE XXVIII

Le résultats de la bataille.

L'extinction du gaz et l'imminente intervention de la garde avaient dispersé les combattants, mais suivant une pente naturelle, comme les ruisseaux, cette cohue éparpillée redescendit et s'écoula par petits groupes vers le boulevard.

Aussi Limousin se retrouva-t-il avec Blavier et l'Oreillard avec Bossuges.

Quant à Stéphanie, considérant sa mission terminée, elle s'était jetée accablée de fatigue et de sommeil dans un fiacre et s'était fait reconduire chez le baron.

Ce fut elle qui la première donna à Cahusac le résumé succinct des événements de la soirée.

— Eh bien ! quelle nouvelle ? lui demanda celui-ci.

— Pas grand'.chose, monsieur. Bossuges vous en dira peut-être plus long que je n'en sais.

« Quant à moi j'ai rempli mon devoir d'amorceuse.

« J'ai fait la conquête de Blavier.

— Quel homme est-ce ? Et qu'en as-tu appris ?

Stéphanie, qui avait pris Limousin pour Blavier, lui répondit naturellement :

— Ce n'est pas un homme redoutable. C'est un ouvrier mécanicien assez bête et qui s'est allumé au premier regard comme l'amadou à la première étincelle.

— Tu m'étonnes, fit Cahusac pensif.

— Où demeure-t-il ? reprit-il.

— Avenue de Saint-Ouen.

— Tu pourras le revoir ?

— Quand je voudrai. Mais à quoi bon ? Est-ce utile ?

— Je verrai. Et qu'êtes-vous devenus ?

— Blavier nous a payé à dîner à l'*Escargot d'or* et là s'est produit un incident assez bizarre.

— Ah ! conte-moi ça.

— Je tombe de sommeil, fit Stéphanie demandant grâce.

— Dis-moi en peu de mots cet incident, insista Cahusac.

— Eh bien, reprit l'amorceuse, vers la fin du dîner, la buvette de l'*Escargot* fut envahie par une bande de vidangeurs qui se rendaient avec leurs femmes au bal voisin. Ces gens-là nous aperçurent et nous insultèrent.

— Les vidangeurs ?

— La provocation est venue d'un petit homme nommé Torgnole et qui n'appartient pas à la compagnie Richer. Ce Torgnole a frappé mon attention. Il est vif comme une gifle ; ses muscles valent des ressorts d'acier sa physionomie est malicieuse et ses regards, qu'il attachait sur moi, ont une flamme magnétique.

« Il nous a mis à dos les vidangeurs sur qui il semble exercer une grande influence.

« Bossuges s'est emporté bêtement comme un taureau qui l'on harcèle.

« Nous voilà toute une bande sur les bras et obligé de requérir pour renfort la corporation belliqueuse des tondeurs de chevaux.

« Bref, la querelle s'est vidée au bal des *Vidanges*.

« Mais là, notre ami Blavier est passé au camp ennemi.

Elle prenait toujours Limousin pour Blavier.

— Ah ! fit le baron, voilà qui est significatif.

— Je l'ai pensé également, monsieur, dit-elle.

Tandis que Stéphanie avait cet entretien avec son maître. (Page 137.)

« Ce Torgnole est un ami de Blavier et c'est un homme très-fort à tous les points de vue. Enfin, nous avons été battus et l'éreintement aurait été complet si l'on n'avait éteint le gaz et appelé la garde.

— Et Bossuges?

— Je lui laisse la parole : il vous dira mieux que moi les impressions diverses que le poing de Torgnole lui a causées.

— Je l'attends, répondit le baron; maintenant, ma chère amie, tu peux aller te reposer.

Tandis que Stéphanie avait cet entretien avec son maître, deux hommes causaient d'elle en cheminant le long des boulevards.

C'étaient Limousin et Blavier.

— Il est fâcheux, disait celui-ci, que tu n'aies pas retrouvé cette femme.

— Elle a disparu dans la bagarre, dit Limousin, mais elle en tient pour

moi, et comme je viens de vous le dire, elle m'a fait des propositions
sérieuses.

— Tu es naïf!

— C'est une qualité que je ne me connaissais pas.

— Réfléchis donc un peu. Cette fille est l'amorceuse de la bande Cahusac.
En t'allumant elle faisait son métier, elle exécutait un ordre du baron.
Et à qui croyait-elle s'adresser? A Blavier! A moi! Elle te prenait
pour moi!

— Sans doute! Mais qui vous dit qu'elle ne serait pas bien aise de lâcher
le baron et de s'établir? Elle a du physique et du talent.

« Si dans ma jeunesse j'avais eu une femme comme cette Fanny, j'aurais
fait des affaires.

— Mon pauvre vieux! fit Blavier avec un accent qui rappelait à Limousin
ses cheveux gris.

— Il est trop tard, voulez-vous dire?

— Parbleu! je te plaindrais si tu avais pour maîtresse une pareille
femme! C'est du feu, ces femmes-là. Leurs bras, leurs lèvres ont des
caresses plus dangereuses que les étreintes d'une pieuvre. Avant un mois
je retrouverais ta vieille carcasse desséchée dans un coin de ta baraque.

— De fait elle est crânement jolie! fit Limousin rêveur.

— Mais n'oublions pas, reprit Blavier, qu'elle appartient au baron. Elle
a été lancée contre moi, je lui ai donné le change et maintenant il faut que
je prenne une revanche complète. J'ai roulé Bossuges et cet affreux Oreillard, il faut que je roule l'amorceuse. Elle doit te revoir, m'as-tu dit?

— Oui, dit Limousin.

— Quand cela?

— Elle m'a dit au moment où la bataille allait s'engager : — J'irai demain
au bain à quatre heures.

— Quels bains?

— Je n'en sais pas plus long. Elle ne m'a pas dit où étaient ces bains.
Mais je puis la voir sortir de chez Cahusac.

— Eh bien! prends une voiture et stationne devant la porte du baron un
peu avant l'heure. Accoste ensuite Stéphanie et emmène-la où tu pourras,
au parc Monceaux ou aux Tuileries. Je vous suivrai. Dis-lui qu'elle va
apprendre du nouveau sur le compte de son maître et de sa société. Qu'elle
sera très-heureuse de ces renseignements; qu'elle n'aura qu'à se féliciter
de sa promenade. Enfin éveille sa curiosité et tiens-la en haleine jusqu'au
moment où je pourrai lui parler à mon tour. As-tu compris?

— Parfaitement, répondit le ferrailleur.

— Tant mieux, car c'est assez parler. Pour ma part, je suis éreinté et
voilà ton établissement.

Tout en causant, ils avaient descendu une partie de l'avenue de Saint-Ouen et étaient arrivés devant la boutique du ferrailleur.

Tous deux étaient à bout de forces et avaient un égal besoin de repos. Après avoir échangé une cordiale poignée de main, ils se séparèrent.

Limousin, dès qu'il fut rentré chez lui, se jeta sur son lit et ne tarda point à s'endormir. Blavier regagna sa petite maison de Clichy et après avoir mangé une tranche de jambon et bu une excellente jatte de thé, se disposa également à dormir.

Mais le sommeil ne vint pas.

Un fantôme l'écartait de ses paupières appesanties : c'était l'image d'une femme, de Stéphanie.

Plus d'une fois déjà il avait rencontré l'amorceuse et plus d'une nuit son souvenir avait bercé ses insomnies.

Il s'en était étonné, avait ri de lui-même, honteux de l'impression que produisait sur lui cette syrène. Il croyait être parvenu à l'oublier, mais sa dernière rencontre avec elle à l'*Escargot d'or* et au bal avait ravivé en lui des ardeurs qui n'étaient qu'assoupies, et allumé dans ses veines une fièvre d'amour.

En se battant avec Bossuges, il se mêlait à ses combinaisons un sentiment de jalousie. Enfin lorsque l'animation causée par cette bataille se fut calmée, la première idée qui s'était présentée à son esprit fut le souvenir de Stéphanie.

Quand Limousin lui apprit que la belle s'était dérobée au moment où les femmes se jetaient dans la mêlée, ce fut pour lui une déception.

Il sentit que quelque chose manquait à sa victoire et ne se trouva qu'à demi satisfait du précieux trophée enlevé à Bossuges.

Il n'avait pas tout d'abord compté sur le couteau, mais pendant quelque temps il avait espéré la femme.

Rien n'irrite, n'aiguise le désir comme les apparitions subites, qui vous jettent un sourire, une œillade, une invite et se dérobent sans laisser après elles un oui, un non, une espérance ou un désespoir.

Le désir ne s'apaise que pour se réveiller plus violent, jusqu'au jour où il ne peut plus être étouffé, où il ne veut pas mourir.

Alors on n'est plus le maître de ce créancier trop de fois éconduit et rendu furieux.

Il faut le suivre et le satisfaire.

Sans cesse, sans trêve, jour et nuit, il réclame, il évoque, il s'arme de tous les souvenirs.

C'est une obsession, une persécution.

Et malgré sa fatigue, Blavier-Castelli se tournait et retournait sur sa couche, maudissant et appelant tour à tour cette fille charmante, cette Stéphanie de malheur.

Et qu'en eût-il fait ? Et que pouvait-il en faire ?

Sa femme et en même temps une arme, une associée.

CHAPITRE XXIX

Le rendez-vous.

Le même jour, à trois heures et demie, Limousin, fidèle à sa promesse, stationnait en voiture devant la porte de l'hôtel habité par Cahusac. Castelli dans un autre fiacre se tenait également en observation.

Leur attente ne fut pas trompée.

Vers quatre heures, Stéphanie sortit de l'hôtel. Elle était seule et portait une toilette noire d'une simplicité et d'une élégance du meilleur goût.

Limousin ouvrit aussitôt la portière de sa voiture et se montra.

Sans hésiter, Stéphanie prit place dans sa voiture.

— Où désirez-vous aller ? lui demanda-t-il. Je vous prierai de m'accorder un moment d'entretien soit au parc Monceaux, soit aux Tuileries.

— Le parc est bien près d'ici, répondit-elle, je préfère les Tuileries.

Limousin dit un mot au cocher qui mit ses chevaux au grand trot.

La voiture de Blavier suivit.

Selon les recommandations de ce dernier, le ferrailleur fit pressentir à l'amorceuse que ce rendez-vous pouvait avoir sur sa destinée une influence décisive et que de toutes façons elle n'aurait qu'à se féliciter d'y être venue.

— Je connais le baron Cahusac aussi bien que vous, ajouta-t-il, et je puis vous affirmer que vous vous compromettez avec lui bien inutilement.

Il n'osait pas en trop dire, il craignait que Stéphanie ne se méfiât et ne prît la fuite, cependant, comme la voiture approchait des Tuileries il devint plus explicite.

— Dans notre métier, lui dit-il, on a cent fois raison d'être méfiants, cependant il ne faut pas que la méfiance s'exagère au moindre propos et paralyse tous nos mouvements.

— Je suis fort tranquille, répondit Stéphanie.

« Vous m'inspirez autant de confiance que je puis en accorder ; ce n'est pas dire beaucoup, mais à force d'être trompée j'ai dû me résigner aux ennuis de la prudence. Avant de vous accompagner, j'ai pris mes précautions, et, si vous me trahissiez, je serais vengée.

— Mes intentions à votre égard, dit Limousin, sont les meilleures et les plus loyales. Avec moi il ne peut vous arriver rien de fâcheux, au contraire. Mais cependant, je ne suis pas l'homme que vous croyez, il est temps que je vous le dise.

— Ah ! fit Stéphanie avec une surprise inquiète. Qui êtes-vous donc ?... Un homme de la police, peut-être ?

— Pour cela non. Pègre je suis et pègre je mourrai, mais je ne m'appelle pas Blavier.

— Votre vrai nom ne m'importe guère, répondit l'amorceuse avec un sourire. Vous êtes naïf.

C'était la seconde fois qu'on le lui disait depuis la veille.

— Mon vrai nom, reprit-il, est Limousin. Je ne suis pas ouvrier mécanicien, mais quelque chose qui y ressemble.

— Compris ! fit Stéphanie, serrurier peut-être ? Eh bien, après ?

— Vous dites que je suis naïf, ça veut dire en bon français un imbécile. Tout naïf que je suis je ne vous ai pas moins fait aller hier ; vous m'avez pris pour Blavier. Savez-vous où il était Blavier ?... il était à vingt pas derrière nous, il nous suivait.

— Ah ! c'était le second mac-farlane ?

— Justement. Et au bal, l'avez-vous reconnu ?

— Non.

— Eh bien, c'était le p'tit qui chahutait si drôlement, et que l'on appelait Torgnole.

— Il était bien nommé.

— N'est-ce pas ? Il a flanqué à Bossuges une rude ratapiole. Cet homme-là, sans le flatter, est le malin des malins. Au jour d'aujourd'hui, sur le pavé de Paris, il n'y a pas un mâle capable de le tomber. Et comme esprit !... C'est la plus forte tête que je connaisse. Il sait tout, il connaît tout. Quand il veut se tenir, il n'y a pas plus comme il faut, on jurerait un bourgeois. Et avec tout cela, c'est mon ami.

Stéphanie prit un air émerveillé.

— Vous le verrez, reprit Limousin. Nous n'avons pas de secret l'un pour l'autre, et je lui ai dit que nous devions nous voir aujourd'hui, et je vous ferai faire sa connaissance.

— Très-volontiers, répondit l'amorceuse. Nous voici rue de Rivoli.

Le cocher arrêta ses chevaux.

— Descendons, dit Limousin en sautant sur le trottoir. Et de très-bonne grâce il offrit la main à la jeune femme.

En même temps Castelli descendait également de voiture.

— Voici mon ami, dit Limousin en l'indiquant.

— Je ne l'aurais pas reconnu, répondit Fanny, en considérant avec éton-

nement le Torgnole des *Vidanges de Bourgogne*, mais | singulièrement
transformé.

Castelli, à cette heure, avait la tournure d'un officier en bourgeois.

— N'est-ce pas? fit Limousin flatté d'avoir un ami aussi distingué. Est-
il chic !.. On dirait un retraité et on demanderait la croix pour lui.

Castelli s'approcha aussitôt, donna une poignée de main à Limousin,
salua poliment Stéphanie ; puis, sans plus de façons, il offrit son bras à la
jeune femme pour entrer au jardin.

Celle-ci hésita un moment ; mais elle vit Limousin se tenir respectueusement à distance.

Elle devina que ce dernier avait servi d'entremetteur, et, habituée à
toutes les manœuvres de ce genre, appuya son bras à celui de Castelli.

Ils marchèrent un moment en silence.

Lorsqu'ils furent à l'ombre des grands arbres :

— Limousin vous a parlé de moi? fit Castelli.

— Oui, monsieur, et dans les meilleurs termes. Il m'a dit qu'hier vous
remplissiez le rôle de Torgnole, comme moi celui de Fanny l'amorceuse ;
je ne vous aurais pas reconnu.

— Nous nous sommes déjà rencontrés plusieurs fois et depuis longtemps je désire faire votre connaissance. L'occasion ne s'est pas offerte
jusqu'à ce jour; mais heureusement elle se présente, car vous vous êtes
engagée avec le baron dans une aventure qui peut vous mener loin. Vous
savez ce que je veux dire?

— Moi !... pas précisément ! fit-elle sans se troubler.

— L'affaire de *la femme coupée en morceaux*.

— Eh bien? dit-elle.

— Vous avez l'air de dire : Qu'est-ce que cela peut me faire ?... je ne suis
ni parente ni complice d'Alfred Bernard.

— Sans doute.

— Vous vous tenez avec moi sur vos gardes. Soit; je ne me permets pas
de vous interroger. D'abord vous n'avez rien à m'apprendre, j'en sais aussi
long que vous. Mais pour vous mettre plus à votre aise, je vous rappelle-
rai que je suis ce Blavier qui, la nuit, amena Bernard dans la maison de
Clichy.

— Très-bien, je ne vous ai pas vu puisque...

Castelli l'interrompit :

— Mais je vous ai vue, moi, dit-il en attachant sur elle un regard qui
la fit pâlir.

« Niez tant que vous voudrez. Seulement ne vous méprenez pas sur mon
compte, ne me croyez pas capable de *casser du sucre* (faire des révélations);
je constate le fait et j'ajoute : Je sais de bonne source que l'instruction

de l'affaire Bernard n'est pas terminée; elle va entrer dans une phase nouvelle et dès cette heure vous n'êtes plus en sûreté chez le baron. Le baron est entré dans une passe où sa barque périra corps et biens. Tout l'équipage tombera avec lui dans une mer de sang.

« Vous n'avez pas l'air d'en être convaincue?

— Il m'est permis d'en douter. Je ne vois pas comment Cahusac peut être compromis en cette affaire.

—Parce qu'il a brûlé ses gants noirs?... fit Castelli, en haussant les épaules. Mais il y a des preuves : tenez, j'ai pris à Bossuges le couteau que voilà. C'est avec cela que la femme a été découpée.

Il tira de sa poche le couteau de l'assassin.

L'amorceuse le considéra avec épouvante.

— Mais je vois que je vous afflige, reprit Castelli. Vous vous dites : Cet homme est de la rousse. Il veut me perdre.

« Défaites-vous donc d'une idée si fausse. Je hais Cahusac; je sais qu'il va être pincé et va vous entraîner dans l'abîme. Je vous en préviens et j'ajoute dans votre intérêt : Quittez-le au plus vite, dès cette heure.

« Vous frémissez; vous l'aimez donc bien ce lâche exploiteur de la pègre?

— Moi! fit Stéphanie. Je ne suis pas sa maîtresse, comme vous semblez le croire.

— Quel lien vous attache à lui?

Stéphanie baissa la tête :

— Un secret, répondit-elle à voix basse.

— Ce n'est pas un lien alors, reprit Castelli, c'est une chaîne.

— Vous l'avez dit.

— Et non-seulement vous ne l'aimez pas, mais vous le détestez.

— Je le crains.

— Eh bien, le moment de vous affranchir est venu. Que donneriez-vous à celui qui briserait vos fers, qui vous délivrerait de votre maître?

Stéphanie s'arrêta, regarda Castelli du coin de l'œil et lui dit :

— Je vous vois venir. Ce briseur de chaîne, ce sauveteur, c'est vous!

— C'est moi.

— Je voudrais, avant de faire marché avec vous, savoir deux choses.

— Lesquelles?

— La première, ce que vous entendez par briser ma chaîne, me délivrer d'un maître; et la seconde, si je suis tenue de payer d'avance.

— Vous êtes une fille d'esprit.

— Je crois du moins avoir le sens commun.

— Je vous répondrai à cela d'abord que je ne vous demande rien d'avance. Seulement, je vous préviens que je suis un peu usurier et que, si je sais attendre, je sais aussi me faire compter la rente du prix promis à partir de l'heure où le marché a été conclu.

« Mais nous réglerons cela plus tard.

« Quant à la façon dont je vous débarrasserai de votre maître, c'est mon secret, et vous ne le saurez qu'après l'événement. Que vous importe, du reste, puisque vous ne payez pas d'avance?

— Ceci ne me satisfait pas, cher monsieur.

— Eh! pourquoi, ma belle enfant?

— Pour plusieurs raisons dont je ne vous ferai point mystère.

— Voyons, je vous écoute.

— Vous m'avez fait l'honneur de me reconnaître quelque bons sens ; je tiens à ne pas vous donner un démenti. Vous voulez me débarrasser du baron. Vous n'avez que deux moyens : le premier de le livrer ; le second de le tuer.

« Est-il vrai?

Castelli garda le silence. Stéphanie poursuivit :

— Livrer Cahusac, c'est me livrer moi-même, car j'ai été trop mêlée à ses affaires pour n'être pas recherchée. C'est peut-être vous compromettre aussi. Le tuer? Cela est mieux, mais ce n'est pas facile. Enfin l'un ou l'autre de ces projets accompli, suis-je certaine d'avoir reconquis ma liberté? N'y aura-t-il point entre nous les liens du sang... répandu, et en ce cas n'aurai-je fait que changer de maître?...

— Bien raisonné, fit Castelli, mais, ma chère amie, je vous ferai observer ceci, c'est que des deux éventualités que vous supposez, la première, l'arrestation de Cahusac, — que je m'en mêle ou non, — est certaine et prochaine. Restez avec lui et vous partagez son sort. Vous irez demain ou après où vous savez. Vous connaissez Saint-Lazare!...

— Moi! se récria Fanny.

— Quoi! vraiment? fit Castelli avec un étonnement qui allait jusqu'à l'admiration.

« Eh bien, ma fille, c'est une chance; mais j'insiste sur ce point : vous n'êtes pas aussi loin du faubourg Saint-Denis que vous le croyez et Saint-Lazare ne sera pour vous que la première station des travaux forcés. Ainsi, que je ne fasse rien pour vous, votre avenir est assuré par l'État. En acceptant mes bons offices, au contraire, vous vous réservez toujours une chance favorable.

« Moi, je me mets en avant, je me dévoue, je paye d'avance. Je ne marchande pas. Je me jette à tous risques, à corps perdu dans l'aventure qui peut vous soustraire au baron qui vous exploite et aux agents qui vous arrêteront.

« Lequel de nous deux hasarde le plus?

Sans plus de façons, il offrit son bras à la jeune femme. (Page 142.)

« Vous vous dites peut-être : — Voilà un individu semblable à l'Espagnol qui met le feu à une maison, afin de se donner le mérite de sauver la femme qu'il aime.

« Eh bien non, je ne mets pas le feu, mais je vous préviens que le feu est à la maison et je vous sauve d'un incendie imminent.

« C'est déjà quelque chose.

« Je fais plus :

« Je vous soustrais à la poursuite des agents et je vous mets à l'abri de la vengeance de vos associés d'aujourd'hui qui s'échapperont et voudront se venger de vous demain. Je serai votre garde du corps. Je parerai les coups que l'on cherchera à vous porter dans l'ombre, et s'il le faut, je les recevrai pour vous. Est-ce parler, cela ?

Fanny souriait toujours d'un air de doute.

— Je comprends, dit-elle enfin, que vous avez pour moi un caprice...

— Plus que cela, un passion.

— Votre langage me prouve que vous n'êtes pas un homme ordinaire et je crois devoir vous parler avec franchise.

— Vous n'aurez pas à regretter d'avoir été sincère.

— Eh bien, cher monsieur, ce que vous me dites et ce que vous m'offrez ne diffère pas de beaucoup de ce qu'il y a quelques années, m'offrit le baron de Cahusac.

— Permettez ! fit Castelli avec vivacité.

— Lui aussi m'a montré Saint-Lazare et m'a dit : — Petite, je vais te sauver des griffes de la police. Tu auras chez moi un gîte et en moi un ami et un protecteur. J'ai trouvé un maître et un exploiteur. Il m'a largement payée, il n'est pas avare, c'est vrai, mais quel esclavage est le mien! Et à quoi ne suis-je pas exposée!... et au métier que je fais, dans quelques années, quand la beauté m'aura quittée avec la jeunesse, à la fange de quel ruisseau serai-je destinée?.. Toute fille que je suis, dans ma peau d'*amorceuse*, je réfléchis, je me sens encore quelque chose, et dussiez-vous rire de mes prétentions, je crois que j'étais née pour mieux que je ne fais, pour un autre monde que celui au milieu duquel je vis. Enfin j'aurais pu être une femme galante sans être une *allumeuse* de caboulot, une *amorceuse* de bandits.

— Très-bien, voilà de bons sentiments, fit gravement Castelli.

— J'aurais joui d'une sécurité qui me fuit, reprit Stéphanie avec chaleur, et qui me semble le bonheur suprême.

— Très-bien ! très-bien ! fit encore Castelli.

Elle le regarda du coin de l'œil avec autant de méfiance que de surprise.

— Vous m'approuvez, vous, un homme de la pègre? fit-elle.

— Qui vous dit que je suis moi-même un voleur incorrigible? Et qui vous prouve que je sois même ce que je parais et veux quelquefois paraître, un malfaiteur? J'approuve vos sentiments et je vous affirme que je les partage. Oui, la sécurité est la condition suprême du bonheur et dans le monde où vous êtes et où je passe, elle est impossible.

« Eh bien, si je vous donne cette sécurité, si je vous mets à même de vivre selon vos goûts, en pleine sécurité, accepterez-vous sincèrement, et en quittant le monde où vous êtes, ne sentirez-vous au fond du cœur aucun regret de dépravation, rien de ce que j'appellerais la nostalgie de la crapule?...

Castelli sentit son bras frémir sur le sien.

— Oh! non, répondit-elle.

— N'avez-vous pas dans l'association de Cahusac quelque amant de cœur? Laissez-moi lire dans vos yeux.

Elle le regarda en face.

— Non, dit-elle. Je n'aime personne. Celui que j'aimais est mort. Comment voulez-vous que mon cœur batte pour un Bossuges ou un Oreillard ? Et ce sont les plus distingués de la bande des Assommeurs.

— Et Cahusac ?

— Il est mon maître.

— Puisqu'il en est ainsi, dit Castelli en lui serrant la main, vous êtes libre. Dès ce soir reprenez votre liberté.

Elle pâlit.

— Mais le baron ?.. dit-elle.

— Ah ! ah ! votre secret ?.. Mais je le connais votre secret, ma belle enfant, et je me charge de le faire disparaître.

— Vous le connaissez, fit Stéphanie avec un mouvement d'effroi.

— Parbleu ! La belle malice ! Ce n'est pas un vol ? Non. Un incendie ? Non plus. Ce n'est pas un secret d'État certainement. Allons, demain vous me direz où il est enterré et je me charge de le faire disparaître, fût-il dans la cave du maire de votre pays.

Elle baissa la tête, et abaissa sa voilette sur son visage plus pâle que celui d'une morte.

— Remettez-vous, ma chère, ce ne sera rien. Cette canaille vous dénoncerait, il en serait pour ses frais, je réponds de tout.

— Oh ! murmura-t-elle frémissante, faites cela et je...

— Oui, c'est bon, repartit Castelli, nous verrons plus tard. Pour le moment, puisque nous sommes tombés d'accord, agissons. Vous quittez le boulevard Hausmann et vous habitez Montrouge. J'ai un pied-à-terre de ce côté, vous le prendrez en attendant mieux, pour quelques jours.

« Demain j'irai vous revoir pour vous apporter des nouvelles.

En parlant ainsi, ils s'étaient avancés du côté du quai.

— Je vais prendre une voiture, ajouta Castelli.

— Et votre ami ? demanda Fanny.

— Ah ! c'est vrai, ce brave Limousin. Ce n'est pas mon ami, c'est un de mes instruments et c'est une brute. Je vais le congédier. Attendez-moi un instant.

Castelli rejoignit le ferrailleur.

— Mon vieux, lui dit-il, je te remercie de tes bons services, et je te rends ta liberté.

— Vous ne me rendez pas la petite ? fit l'autre.

— Non, je la garde ; mais tiens, voilà pour t'en consoler.

Et il lui glissa une pièce d'or dans la main.

Limousin s'éloigna, sans croire avoir perdu au change.

CHAPITRE XXX

Un rat qui se fait ermite.

Bien que la confiance de Fanny en son nouvel ami ne fût pas encore complète, elle s'était cependant décidée à lâcher le baron. Castelli ne pouvait obtenir plus d'une première entrevue, et il s'en remettait au temps pour lui faire partager l'ardente passion qui le possédait.

Lui aussi était décidé à faire peau neuve et à se créer une situation à l'abri des vicissitudes de la fortune. Nous en avons déjà dit un mot.

Après avoir installé Fanny dans le petit logement qui lui servait de pied-à-terre à Montrouge et où il n'avait fait jusque-là que de rares apparitions, il prit congé d'elle et se fit conduire à la Préfecture de police. Comme le rat de la fable, après avoir rongé longtemps le bien d'autrui, il s'était décidé à se faire ermite et son fromage de Hollande était là.

En entrant dans la rue de Jérusalem, la première personne de connaissance qu'il rencontra fut M. André.

— Ah! fit le chef de la sûreté en lui tendant la main, je suis heureux de vous voir. Bernard a fait des aveux complets.

— Ce n'est pas la première fois, repartit Castelli en riant; mais alors vous savez pourquoi la femme Maria a été assassinée.

— Certainement, répondit M. André avec assurance.

— Mes félicitations sincères, monsieur, dit Castelli en s'inclinant pour dissimuler l'envie de rire qu'il éprouvait.

— Vos conseils nous ont été fort utiles, monsieur Castelli.

— Je ne désire qu'une chose, monsieur, c'est d'être à même un jour de vous être plus sérieusement utile. C'est dans ces sentiments que je me rends à la Préfecture. Depuis longtemps je regrette d'avoir donné ma démission et je vais demander à M. le préfet de vouloir bien accepter de nouveau mes services!

— Ah! très-bien.

— Seriez-vous assez bon pour appuyer ma demande?

— Comment donc! très-volontiers, monsieur Castelli, bien que vous ayez laissé de trop bons souvenirs ici pour que je ne juge pas une telle démarche superflue. Faites une demande, je la présenterai. Ou mieux encore : M. le préfet est justement dans son cabinet, si vous le voulez nous allons lui demander audience.

— C'est le comble de l'obligeance, monsieur; très-volontiers, répondit Castelli.

— Mais auparavant, un mot, je vous prie : où désirez-vous rentrer?

— A la sûreté.

— Dans ma brigade? fit M. André.

— Vous allez me dire qu'elle est complète; mais j'ai des vues toutes nouvelles à soumettre à M. le préfet et dignes de votre approbation, j'en suis certain.

— Allons; je vous suis, monsieur Castelli.

Dix minutes plus tard, tous deux étaient introduits chez M. le préfet de police.

Invité à expliquer l'objet de sa démarche, Castelli s'exprima ainsi :

— Je suis, monsieur le préfet, un ancien employé de votre administration. Je me nomme Pierre Castelli.

— Ce nom ne m'est pas inconnu, dit le préfet ; continuez, je vous prie.

— Après des services qui ont été appréciés de votre prédécesseur, et récompensés par une gratification honorable, j'ai cru devoir donner ma démission et rentrer dans la vie privée. Mais habitué à une existence laborieuse, aujourd'hui je me trouve las du repos que j'avais désiré. L'ennui me dévore et je viens vous supplier de me rendre un emploi.

— Que désirez-vous?

— Depuis que j'ai quitté la Préfecture, j'ai fait des excursions nombreuses dans des régions peu explorées par vos agents jusqu'à ce jour. Au delà du monde des *escarpes* et des *grinches* de profession qui m'était familier et que je n'ai pas perdu de vue, au delà de ce monde, dis-je, et sur ses confins, se rencontre une population douteuse qui sert la première et vit de ses méfaits. C'est une population d'entremetteurs et de recéleurs. On y trouve les individus qui indiquent les coups à faire, les maisons et les magasins à piller, et ces indications échappent à la police parce qu'ils ne prennent pas au crime une part matérielle et directe. Ce sont des employés, des domestiques, des femmes de plaisir, ou des proxénètes. Dans la même région mitoyenne, entre les scélérats avérés et les gens honnêtes, pullulent les faiseurs. Tous ces individus ne peuvent être surveillés par les agents de la police de sûreté actuelle. Celle-ci est évidemment insuffisante pour une pareille tâche. Pour les surveiller, il faudrait une police qui recrutât ses agents dans les différentes classes sociales que je viens d'avoir l'honneur de vous indiquer. On l'a déjà fait pour la politique.

— Ce que vous proposez, monsieur, est fort dangereux, répondit le préfet. Mais je rends justice à vos bonnes intentions.

— Dans ce moment, monsieur le préfet, nous avons à Paris beaucoup de faux princes étrangers, de faux grands seigneurs. Ces individus se mêlent à la meilleure société, mais recherchent surtout les fils de famille et se lient avec leurs maîtresses.

— Eh bien ! chargez-vous de ces chevaliers d'industrie, j'y consens, et référez de tout à M. André. Nous verrons plus tard s'il y a lieu de créer un service spécial.

« Est-ce là tout ce que vous désirez?

— C'est tout, monsieur le préfet.

— Pour les détails, entendez-vous avec M. le chef de la sûreté : je m'en rapporte à sa prudence. C'est un essai que nous faisons. Quant à créer un emploi nouveau, digne de vos aptitudes, et, par conséquent, convenablement rémunéré, il m'est permis d'hésiter; nos ressources sont malheureusement assez bornées.

« Revenez dans un mois, nous en reparlerons.

Sur ces mots Castelli et M. André saluèrent le préfet et se retirèrent.

CHAPITRE XXXI

Castelli se fait un nouvel ami.

On a remarqué que dans cette audience préfectorale, M. André avait gardé une attitude assez effacée, sans qu'une parole bienveillante lui eût été adressée pour l'en tirer.

Castelli, en bon confrère, s'en était aperçu.

M. le préfet était mécontent de l'affaire Bernard. L'opinion publique s'était étonnée du nombre de fausses pistes que pouvaient suivre les agents de la police de sûreté.

Certaines gens — des grincheux évidemment — avaient même dit que le drame tournait à la comédie. M. le préfet n'avait donc pas lieu d'être satisfait.

Au contraire il avait fait à Castelli un accueil assez bienveillant. Il s'était rappelé que celui-ci s'était habilement tiré autrefois des affaires les plus difficiles et bien qu'une administration ne reprenne pas volontiers un employé démissionnaire, il n'avait pas hésité à lui rouvrir les portes de la Préfecture.

Castelli était donc parvenu à son but.

Il avait enterré Blavier, renié Torgnole et était redevenu employé d'une grande administration publique.

En même temps, il pouvait protéger Stéphanie qui, dans sa pensée, dans le monde galant dirigerait un jour avec lui une nouvelle brigade de la police de sûreté.

En sortant de la Préfecture, le silence que gardait M. André lui fit craindre de rencontrer dans cet ami de la veille un collègue ombrageux, et aigri par l'insuccès.

— Monsieur, lui dit-il, nous allons, si vous le voulez, clore une journée si bien commencée par un exploit dont retentira longtemps la rue de Jérusalem.

— De quoi s'agit-il, monsieur? demanda le chef de la sûreté.

— De l'arrestation d'une bande de malfaiteurs voleurs et assassins qui depuis longtemps infestent les environs de Paris.

— Une bande de rôdeurs? fit M. André, c'est du gibier fort ordinaire. On en arrête tous les jours. On en prend dix, il en revient vingt autres.

— Ceux dont je vous parle ne sont pas les vagabonds que vous dites, mais des gens qui forment une association déjà ancienne ayant un chef intelligent et une caisse sociale.

— Eh bien, voyons ! fit M. André.

— Je ne doute pas, monsieur, que cette affaire ne vous fasse honneur, appuya Castelli.

— J'accepte votre proposition, cher monsieur.

— J'ajoute, que si Bernard a eu des complices, c'est peut-être dans la bande en question que vous les découvrirez.

— Oh! cette affaire Bernard ! fit M. André avec un soupir. — Mais, reprit-il, expliquez-moi, je vous prie, ce dont il s'agit. Vous savez où sont ces coquins?

— Oui, monsieur. Je me suis même battu avec l'un d'eux et tenez...

Castelli tira de sa poche le couteau de Bossuges.

— Voilà, continua-t-il, le couteau du lieutenant de la bande des Assommeurs que je suis parvenu à désarmer.

M. André prit le couteau et l'examina avec attention.

— C'est un couteau de boucher, fit-il.

— Son propriétaire, Bossuges, était boucher avant d'être assassin.

— Le manche porte des signes bizarres qui ne me sont pas inconnus. Oui, ce couteau a déjà été saisi, j'en possède un dessin.

— Justement, dit Castelli, il a déjà figuré devant le tribunal comme pièce de conviction. Vous voyez donc, monsieur, que ce n'est pas l'arme du dernier venu.

— C'est une trouvaille importante, fit le chef de la sûreté.

— Et c'est aussi un trophée conquis sur le champ de bataille, ajouta Castelli en riant.

Et comme M. André le lui rendait.

— Gardez-le, monsieur, dit-il.

— Comment?

— Puisque vous allez tout à l'heure pincer Bossuges et ses complices, il doit faire partie des pièces de conviction du procès de la bande des Assommeurs.

— Très-bien, cher monsieur Castelli, répondit M. André charmé de ce bon procédé. Je vous en remercie. Je vais mettre autant d'hommes qu'il vous faudra à vos ordres pour l'arrestation que vous projetez.

— Mais, monsieur, reprit Castelli, je vous assure que l'affaire vaut la peine que vous la dirigiez vous-même. Je suis à vos ordres, prêt à vous donner les indications nécessaires.

— De mieux en mieux, répondit M. André. Eh bien, nous marcherons ensemble et sur l'heure, si vous le voulez bien.

— Pour ce soir nous nous bornerons à arrêter les chefs. Demain ou dans la nuit on arrêtera le reste.

— Vous habitez Clichy, reprit M. André, n'est-ce pas de ce côté que nous les trouverons ?

— Non, monsieur, mais c'est en plein Paris dans un des quartiers les plus riches : le chef des *Assommeurs,* connu sous le baron de Cahusac, habite boulevard Haussmann, au dernier étage de l'arrière-bâtiment d'une maison magnifique. Cahusac a loué le dernier étage et les mansardes afin de se réserver, en cas de danger, la suprême ressource d'une fuite par les toits. Il a avec lui deux *escarpes*, ses lieutenants, en qualité de domestiques. Ce sont Michel Bossuges, dont je vous ai parlé, un gaillard redoutable, et Arthur Lambert dit l'Oreillard, individu de force ordinaire.

« Faites garder les toits ; je me charge de pénétrer avec un de vos hommes chez le baron. Pour le reste, les précautions accoutumées.

— Parfait, dit M. André. Je vais réunir mes hommes, vous nous donnerez le signalement des trois individus et nous entrerons en campagne.

« Enfin ! pensait le chef de la sûreté, je vais donc prendre ma revanche de l'affaire Bernard. Ce Castelli agit en bon confrère. Je lui revaudrai cela.

CHAPITRE XXXII

L'expédition.

Après s'être fait donner par Castelli le plan de l'hôtel habité par le baron et le signalement de Cahusac et de ses complices, M. André choisit huit hommes éprouvés et se dirigea avec eux boulevard Haussmann.

Il était dix heures du soir environ.

Il s'assura d'abord de la présence de Cahusac. — M. le baron était resté chez lui attendant Stéphanie dont l'absence prolongée l'inquiétait.

Chez le préfet de police.

M. André prévint le concierge de sa qualité et de ses intentions, puis demanda à faire monter trois hommes sur les toits.

La nuit était assez obscure et favorisait les agents qui, à pas de chats, grimpèrent et se placèrent en embuscade derrière les fenêtres des mansardes.

Un homme fut posté au bas du petit escalier de l'arrière-bâtiment, deux autres, à l'entrée de l'hôtel et deux enfin désignés pour accompagner Castelli chez le baron. M. André resta près de la loge du concierge.

Ces précautions prises, Castelli monta chez son ennemi.

Parvenu au troisième étage :

— Restez ici, dit-il à l'un des deux agents qui le suivaient on n'ouvrirait pas à trois hommes à la fois. Soyez prêt au premier appel.

Il monta ensuite au dernier étage et sonna.

Ce fut l'Oreillard qui vint ouvrir.

— M. le baron de Cahusac? demanda Castelli, comptant sur son déguisement pour passer incognito.

— Que désirez-vous ? reprit l'Oreillard, et qui dois-je annoncer ?

— Je désire un moment d'entretien, et je me nomme M. Castel. Voici ma carte.

Et il fit un pas dans le vestibule.

Son compagnon l'imita.

— Attendez un instant, messieurs, répondit Arthur. Je vais prévenir M. le baron.

Les deux agents attendirent sans méfiance, s'attendant à être introduits. Mais plusieurs minutes s'écoulèrent ; ces lenteurs commencèrent à alarmer Castelli.

— Cet animal-là m'aurait-il reconnu ? se demanda-t-il.

« Allons-y, dit-il, à son compagnon.

Et tous deux s'élancèrent dans l'appartement.

Les portes en étaient restées ouvertes, mais il était désert.

— Les oiseaux sont dénichés, dit Castelli.

Au même instant un cri : « A moi ! A moi ! » fut poussé dans l'escalier.

Les deux agents revinrent sur leurs pas et coururent au secours de leur camarade resté sur le palier du troisième étage.

Comme ils descendaient, ils le trouvèrent aux prises avec Cahusac qui avait fui par une porte de service, tandis que l'Oreillard avertissait Bossuges et fuyait par les mansardes.

En apercevant le baron au-dessous de lui, Castelli n'hésita pas. Avec l'audace de Blavier et l'adresse de Torgnole, il bondit et sauta sur le dos de Cahusac.

Du choc le bandit roula à terre, et d'assommeur qu'il avait été jusqu'alors demeura assommé ou écrasé.

Presque en même temps Bossuges et l'Oreillard se trouvaient non sur le toit mais dans les mansardes, aux prises avec les agents.

Un de ceux-ci, jugeant qu'un combat sur l'ardoise était aussi inutile que dangereux, avait brisé une vitre et pénétré dans la chambre de Bossuges. Ses deux camarades l'avaient suivi.

En se voyant seul contre trois hommes, car il ne pouvait compter sur Arthur, Bossuges comprit qu'il ne serait pas le plus fort et se rendit.

— Tu sais qui nous a vendus ? dit l'Oreillard. C'est Torgnole.

— Ah ! la canaille ! gronda le boucher, il me le payera.

— C'est hier, quand tu le tenais qu'il fallait lui casser la gueule, repartit l'Oreillard.. Tu vas le voir en roussin dans la cour de l'hôtel.

— Allons, tes pattes ! toi, dit un agent à Arthur en lui présentant les menottes.

— Qu'est-ce que vous voulez m' faire ? geignit Arthur en jouant l'étonnement.

— J'espère, dit l'agent, que ce n'est pas la première fois que tu mets de ces gants-là.

Bossuges subit la même opération sans mot dire. Lorsqu'ils furent garrottés, un des agents cria par la fenêtre :

— Nous les tenons.

— Amenez ! répondit M. André occupé à faire porter le baron chez le concierge.

Cahusac, comme nous l'avons dit, était assommé.

Tandis que l'on s'occupait de le ramener et que l'on passait la chaîne à la ceinture et aux mains de Bossuges et d'Arthur, le chef de la sûreté et Castelli furent visiter l'appartement.

Tout d'abord, rien de suspect ne s'offrit à leurs regards. Le baron était non-seulement un coquin fort prudent, mais un homme de goût.

Dans le salon, M. André remarqua de beaux portraits dans des cadres anciens, dont les personnages étaient du dix-septième et du dix-huitième siècles, deux gentilshommes vêtus de satin et un vénérable magistrat en grande perruque et en robe rouge : c'étaient des portraits de famille !...

M. André en riait encore, lorsqu'il pénétra dans la chambre à coucher.

Le meuble de cette pièce sentait un peu son vieux garçon à une certaine coquetterie efféminée. Mais là, encore rien que de très-innocent.

En s'arrêtant près du lit, M. André vit sur une tablette un coffret ; il l'ouvrit ; il était rempli de bijoux.

Ce détail lui rappela le duc de Brunswick.

Sa Seigneurie avait fait pratiquer dans le mur au-dessus de la tête de son lit une armoire secrète qui s'ouvrait par un ressort caché sous la tapisserie.

M. André passa la main sur le mur et en effet, sentit le bouton d'un ressort ; il le pressa et découvrit une cachette.

Il tira de là, les objets les plus étranges et les reliques les plus mystérieuses, puis des lettres, puis des portraits photographiques. En examinant ces derniers, tout à coup il poussa un cri de surprise.

— Voilà une découverte ? fit Castelli en l'interrogeant du regard.

— Oui, fit M. André, une bien étrange découverte.

— Puis-je savoir ?

— Regardez.

Il tendit à Castelli un portrait-carte.

— Maria ! s'écria celui-ci.

— Oui, le portrait de la femme coupée en morceaux.

« Et derrière la carte, ce timbre :

Photographie Badureau, Versailles.

« Étrange, n'est-ce pas ?

— Mais, pardonnez-moi, cette fille a été servante dans une riche maison bourgeoise à Versailles. Elle en est sortie pour venir à Paris. J'ai l'idée que Cahusac pourra vous donner de ses nouvelles. Lui seul, peut-être, possède le mot de cet énigme judiciaire. Mais fouillez encore la cachette.

M. André regarda de nouveau dans la petite armoire et en tira cette fois tout ce qui pouvait l'édifier sur la profession du baron : des rossignols, des empreintes de clefs et de serrures.

— Allons, dit-il, il est indispensable que M. le juge d'instruction passe par ici. Ma mission est remplie. Retirons-nous.

De retour près de leurs prisonniers, ils trouvèrent Cahusac complétement remis de la commotion terrible qu'il avait subie.

Castelli, qui ne voulait point se prendre de querelle avec lui, lui tourna les talons tout aussitôt et alla fumer un cigare sur le boulevard. Néanmoins il ne put éviter de passer près de Bossuges :

— Canaille, lui dit l'escarpe, tu me passeras un jour par les mains.

Le baron, en voyant le chef de la sûreté, prit un air railleur.

— Vous êtes M. André, lui dit-il ?

— Oui.

— Mes compliments, monsieur, pour l'habileté déployée dans l'affaire Bernard.

— Mais votre arrestation, Cahusac, a bien aussi son mérite.

— Attendez quelques jours avant de vous en féliciter, repartit le baron. Qui sait ?

— Vous prétendez être innocent, sans doute ?

— Non, j'avoue être un voleur.

— C'est déjà cela, mais vous êtes pire encore. Je sors de votre appartement et d'après ce que j'y ai trouvé...

Alors, Cahusac fixant sur M. André son regard pénétrant :

— Si vous avez tout trouvé, monsieur le chef de la sûreté, je vous préviens de deux choses : la première, c'est que je serai relâché avant huit jours ; la seconde, c'est que vous êtes plus compromis que moi. Prenez garde, monsieur le chef de la sûreté.

L'assurance de ce scélérat, l'accent singulier qu'il donnait à ses paroles firent sur M. André une impression pénible.

Pour y couper court, il donna l'ordre du départ ; Cahusac fut emballé à son tour dans l'un des quatre flacres qui stationnaient à la disposition des agents de police, et une demi-heure après, les chefs des Assommeurs étaient en cellules à la Préfecture.

A peine y étaient-ils, le baron demanda à écrire au préfet de police.

On accéda à son désir et il écrivit le billet suivant :

« Monsieur le préfet de police,

« J'ai l'honneur de vous prévenir que j'ai les révélations les plus graves à vous faire : ces révélations ne peuvent être faites qu'à M. le préfet et verbalement.

« J'ai l'honneur de vous saluer respectueusement,

« Baron DE CAHUSAC,
« Détenu au Dépôt de la Préfecture. »

Il remit ce billet tout ouvert au gardien.

— Il faut, ajouta-t-il, que ceci parvienne à M. le préfet avant demain matin. Lisez et vous en pressentirez sans doute l'importance.

Le gardien s'éloigna. En chemin, il rencontra Castelli, qui venait prendre des nouvelles de ses prisonniers, et lui dit de quelle singulière commission il s'était chargé.

Castelli ouvrit l'œil, et se promit de ne pas quitter la Préfecture avant de savoir le résultat de cette démarche.

Une heure plus tard, le préfet avait lu le billet de Cahusac.

A minuit, celui-ci fut extrait du Dépôt et conduit par deux gardiens devant le haut fonctionnaire dont il avait éveillé la curiosité.

Avant de quitter le Dépôt, il n'est point hors de propos d'en dire un mot.

La plupart de nos lecteurs ne connaissent point cette salle d'attente des grandes prisons parisiennes.

Cet endroit a été transformé depuis quelques années.

Avant 1867, c'était la plus sale, la plus horrible, la plus immorale des prisons.

Chaque jour la police y emmagasinait plusieurs centaines d'individus, ramassés pendant la nuit ou extraits des nombreux violons de la capitale.

Il se composait de plusieurs grandes salles dont les voûtes élevées étaient soutenues par d'énormes piliers. La nuit, un éclairage insuffisant y laissait régner une obscurité profonde.

L'air s'y renouvelait difficilement et était empesté par les lieux d'aisance, qu'une méchante porte séparait à peine des salles.

Pendant longtemps on y avait entassé, pêle-mêle, les individus des deux sexes.

En somme, ce fut toujours le grand collecteur de tout ce que Paris renferme de plus dangereux et de plus infâme.

Ces salles sont supprimées.

On a disposé une suite de cellules, semblables à des armoires assez étroites dont la porte est remplacée par une claire-voie de fer.

Là, sont enfermés et exposés tout à la fois, comme dans une morgue de vivants, les individus inconnus ou d'une identité douteuse, afin que les agents puissent les examiner tout à leur aise.

Viennent ensuite des cellules ordinaires pour les habitués.

Plus d'une célébrité a passé par là.

On n'y séjourne pas longtemps ; on en sort pour une instruction sommaire qui vous rend à la liberté ou sert à vous classer et à vous envoyer en voiture cellulaire à l'une des grandes prisons de la ville.

Le Dépôt a des communications nombreuses avec le Palais où siégent les magistrats, d'un côté ; et de l'autre, avec la Préfecture de police.

Ces communications ne sont pas aussi directes qu'on pourrait le croire.

La justice et la police sont d'un aménagement très-difficile, et il ne faudrait pas juger de l'intérieur de leurs palais par la simplicité grave de leur architecture extérieure.

C'est un véritable dédale de couloirs, de salles tronquées, de paliers. On monte, on descend, on fait mille détours plus embrouillés qu'une procédure.

On croirait que la Justice y habite chez la Chicane.

Et toutes ces salles, ces recoins, ces couloirs, coupés de marches d'escaliers et de paliers, d'une utilité mystérieuse, se ressemblent. Les murailles nues sont couvertes d'un bon badigeon couleur de lessive. Une odeur de poussière humide mêlée à ces senteurs inhumaines particulières aux monts-de-piété et aux postes de police vous y prend partout à la gorge.

Ici, dans un coin, un bureau qui ressemble à une échoppe ; là, un vestiaire bourré de costumes bizarres ; plus loin une petite pièce garnie de sergents ; au delà des pièces désertes, des solitudes, enfin des réduits transformés en cellules où l'on fourre certains individus pour s'en débarrasser pendant une heure ou deux : des en-cas.

Dans ce dédale, il y a, le jour, un va-et-vient continuel, et si l'on ne peut s'y orienter facilement, du moins y voit-on clair ; mais la nuit, c'est bien pis : cette complication s'aggrave d'obscurité.

De rares becs de gaz en éclairent à peine les indications alphabétiques.

En suivant les deux gardiens qui l'accompagnaient, Cahusac observait le méandre étrange qu'on lui faisait suivre.

« Cela peut m'être utile, se disait-il, qui sait ? Il fait si noir ici !

Enfin, il pénétra dans une chambre dont les banquettes de velours et les grands rideaux lui annoncèrent l'appartement préfectoral.

Un huissier, qui sommeillait sur une banquette, dans l'ombre, se leva aussitôt.

— Annoncez le prévenu Cahusac, dit un des gardiens.

L'huissier disparut et reparut rapidement, et dit au prisonnier :

— Entrez.

Il lui ouvrit une grande porte et il se trouva en présence du préfet.

Malgré ses menottes, Cahusac avait gardé ses airs d'homme du monde, il salua respectueusement et attendit. Le préfet le considérait avec curiosité·

— Asseyez-vous là, lui dit-il, en lui indiquant un siége en face de lui.

« De quoi êtes-vous prévenu ?

— De vol qualifié, monsieur.

— Qu'avez-vous à demander au préfet ?

— Rien, en ce moment du moins.

— Vous écrivez que vous avez des révélations à faire. A quel sujet ?

— Au sujet de la femme coupée en morceaux.

— Cela regarde M. le juge d'instruction.

— Oui, monsieur le préfet, mais ce que j'ai à dire est d'une gravité telle que j'ai pensé remplir un devoir en vous les communiquant tout d'abord. Dès qu'elles seront faites à M. le juge d'instruction, elles appartiendront à la justice et ainsi à la publicité. Au scandale du crime viendraient alors s'ajouter d'autres scandales plus funestes et dont aucune utilité ne pourrait compenser le dommage.

— Voyons, venez au fait et expliquez-vous, dit le préfet dont l'attention s'était éveillée à ce début entortillé. Bernard ?

— Bernard, monsieur le préfet est un des coupables, mais il n'est pas le seul... Il n'a été qu'un instrument inconscient....

« Inconscient, je le crois... Derrière lui sont restés d'invisibles instigateurs... Bernard ne peut vous donner la clef de ce drame mystérieux et des personnes que vous pouvez faire arrêter, il n'en est qu'une qui possède cette clef, ce secret : c'est moi, Cahusac.

— Parlez, parlez, fit le préfet avec vivacité.

Alors, Cahusac donna le mot de l'énigme. Les faits qu'il révéla, les noms des personnages qu'il livra produisirent sur son auditeur la plus profonde impression, et Cahusac put lire l'effet que produisait son récit sur ce visage d'ordinaire impassible.

Que dit-il ? Nous ne pouvons, sans dépasser les limites accordées à la publicité, le rapporter ici.

Il est certains mystères dont on doit laisser au temps de déchirer les voiles. La Fatalité y a mis les scellés.

Lorsqu'il eut terminé son récit :

— Voilà, monsieur le préfet, dit Cahusac, tout ce que j'avais à vous révéler. Me ferez-vous l'honneur de me dire si j'ai bien fait en vous demandant audience ?

— Oui, répondit le préfet, vous avez agi dans l'intérêt de la morale publique qui veut que l'on évite un scandale lorsqu'il n'y a à ce scandale aucune compensation.

— Puis-je espérer d'avoir également agi dans mon intérêt personnel ? demanda le prévenu.

— Il vous sera tenu compte de votre silence.

— La discrétion, monsieur le préfet, est une vertu, et je ne suis pas vertueux.

— Cela veut dire, monsieur l'impertinent ?

— Que monsieur le préfet me pardonne la franchise de mon observation, repartit Cahusac en s'inclinant ; j'ai peut-être tous les vices un seul excepté : l'hypocrisie. J'avoue donc humblement qu'en vous apportant le secret d'un grand crime, qu'en vous le livrant de mon propre mouvement, j'espérais de votre générosité une récompense plus large que celle dont on gratifie la probité d'un cocher, ou autre chose que les petits plats, les douceurs que l'on accorde à un *mouton* de Mazas.

— Ah ! j'entends, je crois comprendre. Et qu'espériez-vous donc ?

Alors, Cahusac releva la tête et posa à sa discrétion cette condition exorbitante :

— Ma liberté, monsieur le préfet.

Le préfet lui tourna le dos sans lui répondre et toucha un timbre.

L'huissier parut.

— Appelez un gardien.

L'homme demandé se présenta à son tour sur le seuil.

— Enfermez Cahusac, près d'ici, à ma disposition, et allez chercher M. Castelli, de la sûreté ; qu'il se hâte.

Cahusac salua le préfet et sortit ; on le mit sous clefs provisoirement dans une de ces cellules d'en-cas dont nous avons parlé plus haut.

CHAPITRE XXXIII

Trop de zèle.

Ces révélations suivies de menaces jetaient le préfet dans une grande perplexité. Il en oubliait l'heure avancée, et le besoin de repos, et tout en arpentant à grands pas son cabinet, se demandait quelle résolution il devait prendre. Le temps manquait à ses méditations.

Devenu monomane.

Ainsi que le lui avait fait observer Cahusac, le lendemain matin, le prisonnier du Dépôt serait interrogé et deviendrait un prévenu. D'autre part, il ne pouvait faire relâcher un pareil coquin.

L'arrivée de Castelli coupa court à ses réflexions.

— Ah! fit-il, je vous attendais avec impatience, monsieur. Je viens d'interroger votre Cahusac et je suis fort ennuyé de tout ce qu'il vient de m'apprendre. C'est un coquin d'une audace incroyable. Un homme excessivement dangereux.

Castelli écoutait ces paroles avec impassibilité. Cependant, le ton aigre dont elles étaient dites, ne lui permettait pas de les prendre pour un compliment.

— Vous nous avez rendu là un bien mauvais service, monsieur.

Castelli eut un malicieux sourire.

21   21

— Comment cela, monsieur le préfet? demanda-t-il d'une voix altérée par l'émotion.

— Vous ignoriez donc qu'il possédait le secret des assassins de la femme Maria et que ce secret est d'une gravité énorme?

— Je le soupçonnais, répondit l'agent, d'avoir trempé dans cette mystérieuse affaire, mais j'ignorais son secret.

— Nous voilà bien, à cette heure!... reprit le préfet en continuant à marcher avec animation.

« Si cet homme parle, le scandale sera immense.

« A quoi peut-il être condamné?

— C'est le chef d'une bande de malfaiteurs, la liste des crimes qui lui sont reprochés est assez longue. A tout le moins il encourt les travaux forcés à perpétuité.

— Que lui promettre? poursuivit le préfet. En prison, au bagne, garderait-il son secret, en supposant qu'il consentît à le taire jusque-là et à l'y emporter?... Libre, il était moins dangereux, car, après tout, le monde des coquins est dans mon département assez touffu pour que l'arrestation de celui-là n'y laisse pas un grand vide. Quelle embarrassante et funeste capture!

— Mais, monsieur le préfet, permettez...

— Je ne vous en fais pas un reproche, Castelli, mais c'est en définitive un mauvais service que vous nous avez rendu là. C'est une fatalité! Savez-vous quel prix il a l'audace de mettre à son silence, ce qu'il me demande?... Sa liberté!... Vous comprenez que c'est inouï. Ces êtres dépourvus de sens moral ne doutent de rien. Il trouve tout simple, que moi, préfet, je le fasse arrêter et relâcher, lui un coquin.

— Et vous regrettez, monsieur le préfet, qu'il ne soit pas dehors?

— Je préférerais que vous ne l'eussiez pas arrêté, sans doute.

— Alors, si je le rencontrais de nouveau, je ne lui mettrais pas la main au collet?

— Dieu vous en garde! mais il est ici.

— Qui sait?

— Comment, qui sait? Que signifie?

— S'il s'était évadé?

— Plaisantez-vous?... je viens de le faire enfermer, là, près de moi.

— Je sais, je l'ai vu en passant.

— Eh bien?

— Je lui ai causé, il m'a dit en deux mots ce que vous m'avez fait l'honneur de me dire. J'ai compris alors combien ma capture était compromettante. Dans le trouble que j'éprouvai à la perspective de tous les embarras qui en pouvaient résulter, j'oubliai... oserai-je vous l'avouer, de refermer la cellule.

— Comment ! Vous en aviez donc la clef !

— Oui, monsieur le préfet. Sous votre prédécesseur on m'en avait donné une ; je la portais toujours sur moi ; elle ne m'a pas quitté.

— Mais en vous retirant de l'administration, vous auriez dû la rendre, monsieur.

— Oui, monsieur le préfet, j'en conviens et je me repens d'autant plus de cet oubli qu'il m'a entraîné à une seconde faute.

— Laquelle ? fit distraitement le préfet.

— Je viens de vous l'avouer : j'ai ouvert la cellule de Cahusac afin de lui parler et dans le trouble que j'éprouvai en apprenant le résultat de l'audience que vous veniez de lui accorder, j'oubliai de refermer la porte.

— Ah ! par exemple, voilà qui passe les bornes !

— Que monsieur le préfet me pardonne.

— Remettez-moi cette clef, monsieur.

— La voici, monsieur le préfet.

— Je ferai changer toutes les serrures. Conduisez-moi à cette cellule, ordonna le préfet, feignant toujours la colère, mais au fond, sans doute, ne désirant rien autre chose que l'évasion de Cahusac.

— Ce misérable, s'écriait-il en marchant sur les pas de l'agent de la sûreté, se sera peut-être enfui.

— Il est probable. Que monsieur le préfet me le pardonne, reprenait Castelli qui n'était pas dupe de cette feinte colère.

Leurs prévisions se trouvèrent justifiées.

Cahusac, sur l'invitation de Castelli, s'était empressé de décamper.

— Le malheur dont j'étais la cause involontaire se trouve ainsi réparé, dit Castelli. Que la volonté du ciel soit faite !

— Croyez-vous, dit le préfet, qu'il aura pu sortir de la Préfecture ?

— Assurément : Cahusac est si habile !

— Maintenant, encore un mot.

— Je suis à vos ordres, monsieur.

— Vous avez arrêté deux autres individus, ses complices ?

— Oui, monsieur.

— Alors ?...

— Oh ! de ce côté l'on n'a rien à craindre, ce sont deux bandits vulgaires que Cahusac n'a jamais pris pour confidents.

— Vous en êtes sûr ?

— Parfaitement.

— Où sont-ils ?

— Au Dépôt... Mais on ne s'évade pas de cet endroit-là, ajouta Castelli avec un sourire. Les prisonniers sont gardés à vue. Un seul danger est à prévoir, c'est l'intervention de Cahusac pour les délivrer plus tard. Mais après tout...

Le préfet parut se résigner à cette éventualité.

— C'est bien, dit-il, qu'il ne soit plus question de tout cela.

— En me retirant, dit Castelli, puis-je emporter l'assurance que monsieur le préfet ne conserve à mon égard aucun sujet de mécontentement?

— Vous avez fait votre devoir, monsieur, dit le préfet ; continuez. Toutefois, souvenez-vous du mot de Talleyrand : Pas trop de zèle !...

Castelli salua et se retira en se disant :

— Pour moi c'est très-bien, mais c'est M. André qui va être étonné demain, et qu'il sera difficile de le retenir !..

Sans s'attarder davantage il sortit de la Préfecture et regagna à grands pas le toit protecteur qu'il avait donné à Stéphanie.

Il était indispensable de la prévenir des événements de la soirée et de la conduite qu'elle aurait à tenir.

CHAPITRE XXXIV

A Montrouge.

Le gîte provisoire offert par Castelli à Stéphanie était, nous l'avons dit, à Montrouge, route d'Orléans.

Les agents de la sûreté ne nous paraissent pas destinés aux doux loisirs de la vie de ménage, et celui d'entre eux qui s'éprend sérieusement d'une femme, — d'une femme galante surtout, — doit avoir à souffrir cruellement du service exigeant de la Préfecture.

Depuis l'entente cordiale qui s'était établie entre la belle amorceuse et lui, Castelli n'avait pu disposer d'une heure pour courir a Montrouge.

Il était trois heures du matin environ quand il y arriva. Réveiller alors Stéphanie eut été de sa part plus qu'une faute, il remit donc au lendemain à la première heure l'entretien qu'il voulait avoir avec elle et fut coucher dans un hôtel.

Celle-ci ne dormait guère cependant ; assez d'inquiétudes la tenaient éveillé.

— Que cet homme me débarrasse de Cahusac, se disait-elle, et je me sentirai presque libre.

Elle était encore couchée quand elle entendit Castelli entrer. Il avait doubles clefs du petit appartement.

Il eut toutefois la politesse de frapper à la porte de celle qu'il pouvait considérer déjà comme sa maîtresse.

— Peut-on entrer? demanda-t-il.

— Parbleu! répondit-elle, faites comme chez vous.

Il entra, tira un rideau et dévora d'un regard rapide la belle fille accoudée sur l'oreiller. Mais un prologue amoureux ne convenait guère à ce qu'il avait à dire.

Il se jeta dans un fauteuil en soupirant :

— Enfin!

— Quelle nouvelle? demanda Fannye. Cahusac est-il arrêté?

— Je l'ai arrêté.

— Ah! bien. Et Bossuges? Et l'Oreillard?

— Egalement, ils sont actuellement au Dépôt.

— Ont-ils parlé de moi?

— Pas un mot ; ils t'attendaient probablement et ils ne savaient ce que tu étais devenue. Mais cette nuit, à la Préfecture, j'ai dit un mot à Cahusac...

— Comment! que signifie? s'écria Stéphanie.

— Ceci demande une explication que je vais te donner et qui te réserve bien d'autres surprises.

Il lui raconta tout ce qui s'était passé depuis leur conversation aux Tuileries.

Ce récit causa à l'amorceuse un profond désenchantement.

— Moi, qui me croyais débarrassée du baron et de sa bande! se récria-t-elle. Et voilà comme vous tenez vos promesses! Dès le lendemain je suis réduite à reprendre ma chaîne.

— Qui parle de cela? fit Castelli.

— Mais ne venez-vous pas de me dire que je devrais recevoir le baron, capter sa confiance? Ai-je bien compris?

— Oui, tu devrais agir ainsi, mais pour assurer notre triomphe définitif.

« Oui, tu seras encore pour quelques jours à l'égard de ton ancien maître, Stéphanie l'amorceuse, mais pour quelques jours seulement.

« Tu me reproches de manquer à mes promesses. Ce n'est pas juste. J'avais promis de les arrêter, je l'ai fait ; de te créer dans la société un rôle qui t'affranchirait du joug odieux de la *pègre*, je l'ai fait ; dès ce jour tu es l'amie et la collaboratrice de M. Castelli, de la police de sûreté. Refuses-tu cette position?

— Non, je l'accepte ; je m'y résigne pour mieux dire ; c'est encore une chaîne, mais moins lourde que l'autre.

— C'est un premier pas vers ton émancipation complète.

— Je l'espère.

— Maintenant, moi, pouvais-je prévoir ce qui a suivi l'arrestation ? Tu ne te montres pas en cette circonstance la fille intelligente que je connais.

« Pris dans cette impasse, tombé au lendemain de ma rentrée à la sûreté dans la disgrâce du préfet, ne me suis-je pas dépêtré avec une habileté et une promptitude étonnantes ?

— Il est vrai, répondit Fanny pensive.

— Ce préfet ne m'aurait jamais pardonné de lui avoir jeté le baron sur les bras. J'ai sur-le-champ réparé mon malheur. Voilà Cahusac dehors... Tu en frémis ; rassures-toi. Tu étais son esclave hier ; tu ne seras plus désormais que sa confidente. Il viendra te conter ses ennuis, ses projets...

« Tu m'en feras part à ton tour et je me charge de creuser la chausse-trappe par laquelle, en courant à sa prochaine entreprise, notre baron tombera pour ne plus se relever.

« Cela me paraît si simple, si facile que j'en ris d'avance.

« Car c'est double plaisir de tromper un trompeur.

« Quant aux autres, à Bossuges, au gracieux Arthur, peu nous importe. Nous ne les craignons pas. Et si je consens à en débarrasser le pavé de Paris, qu'y trouvera-t-on à redire ? Ces êtres-là gênent tout le monde et ne sont jamais bons à rien.

« Alors nous aurons fait peau neuve et nous vivrons en joie. Nous parcourrons le monde parisien en touristes et en reporters, déjouant les projets des méchants, veillant comme de bons génies sur l'intéressant troupeau des naïfs et des dupes.

« Tu souris, petite ; allons, ta main !

« Je vois que tu reviens à la raison.

Stéphanie lui tendit la main ; il avait su calmer ses craintes et la convaincre.

Il lui donna encore quelques instructions sur le langage qu'elle aurait à tenir au baron, dont il lui avait annoncé la visite, puis, à son grand regret s'arracha à ce tête-à-tête et retourna à la Préfecture de police.

Il avait à prendre des nouvelles de Bossuges et de l'Oreillard et à causer avec M. André.

CHAPITRE XXXV

Une fausse piste.

Castelli trouva le chef de la sûreté tout ému de l'évasion de Cahusac. Il n'en pénétrait point les causes secrètes et Castelli laissa au préfet de les lui expliquer, s'il le jugeait opportun.

— C'est une étourderie inconcevable de votre part, disait M. André, et qui vous ferait le plus grand tort si vous ne vous hâtiez de prendre une éclatante revanche. Avoir oublié de refermer la cellule de ce bandit!

— Eh! monsieur, répliquait Castelli, l'homme n'est pas parfait; je sais prendre, mais je sais mal garder. Je ne suis pas geôlier.

— Vous allez, j'espère, reprenait M. André, repincer au plus tard ce Cahusac?

— Comptez-y, monsieur.

— Avec les indications que nous possédons aujourd'hui, nous pouvons facilement arrêter tous les Assommeurs.

— Très-facilement, monsieur.

— Dans cet espoir, j'ai déterminé l'administration à garder encore au Dépôt pendant vingt-quatre ou quarante-huit heures les deux lieutenants de Cahusac. On les confrontera plus facilement ici avec les autres, avant de les écrouer à Mazas.

« De combien d'hommes pensez-vous que se composait cette bande des Assommeurs?

— Une centaine environ.

— Cela ferait une razzia magnifique! secria M. André avec enthousiasme. Sans compter que Cahusac, qui naturellement est allé rejoindre sa bande, sera pris dans le même coup de filet. Cet homme, voyez-vous, monsieur Castelli, il me le faut ce soir!

— Ce serait aller un peu vite en besogne, répondit Castelli avec un sourire.

— N'avez-vous aucune indication qui puisse nous aider? demanda le chef de la sûreté.

— J'y songe, monsieur.

Ainsi qu'il l'avait prévu, M. André, échauffé par son succès de la veille, était rempli d'une ardeur difficile à contenir.

Mais dans l'agent qu'il consultait il y avait encore beaucoup du Blavier et du Torgnole. Castelli, en parlant de lui-même du moins, ne pouvait pas encore dire qu'il avait dépouillé le vieil homme. Il était resté mystificateur.

— Il ne manque pas de bandits dans le département de la Seine, pensait-il, je puis satisfaire l'ardeur de mon chef, le mettre sur la piste d'un nouveau gibier et laisser de côté les Assommeurs, dont M. le préfet n'aime pas à entendre parler.

« Quant à Cahusac j'en fais mon affaire.

— Eh bien! Castelli, avez-vous trouvé? demanda M. André.

— Je renoue les fils de mes souvenirs, monsieur.

« Je commence à m'orienter. La bande en question opérait d'habitude au nord et à l'est de Paris. La catastrophe d'hier va sans doute la frapper d'épouvante, elle changera de repaires.

— Oui, c'est probable, fit M. André.

— Ce n'est donc plus au nord qu'il faudra la chercher, mais au point opposé, la banlieue du sud. J'ai sur cette région des notes précieuses ; elles sont chez moi à Montrouge. Permettez-moi, monsieur, d'aller les consulter, et cet après-midi je vous soumettrai un nouveau plan de campagne.

— Soit, monsieur, répondit le chef de la sûreté ; mais n'oubliez pas que je vous attends avec la plus vive impatience.

Cependant, voyons ce qu'était devenu Cahusac. Ce n'était pas sans peine qu'il était parvenu à sortir de la Préfecture. Il ne pouvait, pour cela reprendre le chemin qu'on lui avait fait suivre et qui aboutissait au Dépôt.

Il se serait égaré et fait reprendre sans Castelli et aussi sans sa mise et son allure d'homme du monde.

Après avoir causé avec lui, Castelli l'avait débarrassé de ses menottes, il lui avait indiqué aussi bien que possible la sortie du côté du quai de l'Horloge.

— Si vous craignez de vous égarer, avait-il ajouté, demandez hardiment votre chemin à tous ceux que vous rencontrerez. Puis, tenez, prenez ceci en main.

Il lui remit une enveloppe de lettre.

— Et en passant devant les sentinelles, dites simplement : Ordre de M. le préfet.

Cahusac s'était acquitté avec aplomb de ce rôle, marchant d'un air grave, cambrant sa haute taille, il avait circulé son enveloppe à la main, salué respectueusement par tous les gardiens qu'il avait rencontrés.

A pareille heure et de ce côté de la Préfecture on ne pouvait soupçonner dans cet élégant personnage un détenu en train de s'évader.

Une fois sur le quai, il ne s'était pas amusé à flâner et avait traversé rapidement le Pont au Change pour gagner le seul quartier où l'on veille encore à deux heures du matin, le quartier des Halles.

Inutile d'ajouter qu'il s'était assuré qu'il n'était pas suivi.

Un bon souper dans un cabinet de Baratte lui permit de se remettre des émotions de la soirée. Il connaissait un garçon de cet établissement où il venait souvent en partie, il lui raconta qu'il venait de se faire rincer dans un tripot et lui emprunta vingt francs. On sait que les personnes arrêtées sont fouillées en entrant au Dépôt, et qu'on ne leur laisse pas un centime.

C'était tout ce qu'il lui fallait pour souper et le lendemain prendre une voiture.

Son arrestation n'était pas encore ébruitée, il pouvait sans danger se rendre chez son banquier dans la matinée.

A huit heures, il se fit coiffer, acheta des gants et se rendit à la maison de banque où il déposa en partie les *bénéfices* de sa bande. Il retira une vingtaine de mille francs et songea enfin à aller à la recherche de Stéphanie.

Il acheta aussi sur sa route divers objets de première nécessité pour lui : une montre, un révolver et un couteau-poignard. Mais il ne changea point de costume, dédaigna de prendre aucun déguisement.

« Puisque celui qui m'a arrêté m'a relâché, se disait-il, que puis-je avoir à redouter des gens de la Préfecture ? Soyons décent, ne les bravons pas ; l'on me laissera fort tranquille et M. le préfet n'aura qu'à se féliciter de ma disparition... »

Dans cette conviction, que l'on avait intérêt à ne pas l'arrêter, il se trouvait comme invulnérable.

Il ne s'inquiétait plus de Blavier-Castelli.

Il l'eût aperçu dans la rue, il n'eût pas craint d'aller à sa rencontre.

« Cette vipère, se disait-il, a voulu me mordre, et a laissé son crochet dans mes bottes; elle est désarmée. »

Quant à Stéphanie, il s'expliquait difficilement qu'on l'eût laissée en liberté.

« Elle devait être au Dépôt. Pourquoi n'y est-elle point ?... Mais les femmes ont des ressources que nous autres hommes ne possédons point. »

Tout en philosophant de la sorte, il arriva route d'Orléans.

Stéphanie avertie par le roulement de sa voiture regarda à la fenêtre et courut lui ouvrir, d'un air joyeux.

Ils se serrèrent la main, comme après une longue séparation.

— Tu m'attendais ? fit le baron.

— Ma foi, non, répondit-elle, et la surprise est aussi vive qu'agréable.

— Tu es une charmante fille.

Il paya le cocher et suivit Stéphanie dans son nouveau logement.

— C'est affaire à toi, dit-il, pour emménager rapidement.

— Oh ! il n'y a pas de mérite, monsieur le baron, je ne suis pas ici dans mes meubles et ce logement m'a été indiqué par un individu fort singulier, pour ne pas dire très-suspect et dont je vous dois d'avoir fait la connaissance.

— Je sais, fit sèchement Cahusac. C'est lui qui m'a donné ton adresse.

— Blavier ?

— Oui.

— C'est épatant!...Car, voulez-vous que je vous le dise? ce Blavier est un mouchard et je croyais qu'il allait vous arrêter.

« Expliquez-moi cela : Voilà un homme qui tombe soi-disant amoureux de moi au bal des *Vidanges*, ça lui prend comme le haut-mal. Il me guette le lendemain, m'accoste au moment où j'allais au bain, me conte des bêtises à

l'usage des femmes ; puis, voyant que j'allais me dérober, a changé de ton :
m'a déclaré qu'il voulait me sauver, que la maison Cahusac était fort con-
promise. Etait-ce une menace ?

« Je le compris ainsi. Je me sentis sous la main d'un mouchard. Je l'inter-
rogeai, doutant encore, me demandant si ce n'était pas une ruse pour m'in-
timider comme en emploient certains individus pour effrayer les pauvres
filles qu'ils veulent avoir à merci et sans bourse délier. Mais il m'a dit carrément : — Si tu veux être arrêtée ce soir, reste avec le baron, si tu veux
échapper, suis-moi ; choisis.

« On a vu des canailles dire les plus grandes vérités et gâter le métier
de menteurs.

« — S'il disait vrai ? pensai-je.

« Il ajouta qu'il avait à la Préfecture un ami qui le prévenait à l'occasion.

« Il parvint enfin à me faire peur.

« Tout en causant, nous avions fait du chemin, nous avions passé l'eau
et nous étions venus jusqu'ici. Je pensai à vous prévenir.

« — J'aurais besoin, lui dis-je, d'aller retirer de chez le baron mes
effets et certains objets compromettants.

« Il tira sa montre.

« — A cette heure, dit-il, la rousse doit y être.

« Enfin, je demeurai, fort inquiète à votre sujet, et vous pouvez juger
de ma joie en vous revoyant sain et sauf. Il m'a monté le coup.

— Peut-être ! fit Cahusac ; mais il y avait du vrai dans ses menaces. Il
m'a fait arrêter ainsi que Bossuges et Arthur. Il faisait partie de l'escouade
de la sûreté. Puis deux heures après j'étais relâché. Et par qui ? Par lui-
même !

— C'est trop fort !

Cahusac raconta à Stéphanie son entretien avec le préfet et l'intervention
de Castelli.

— A cette heure, conclut-il, je ne suis plus un gibier de prison, mais un
homme dangereux que l'on tolère, que l'on surveille et dont, à la première
occasion, on se débarrassera d'une façon discrète.

« Blavier, — qui, en police, se nomme Castelli, — joue un double rôle
et trompe tout le monde.

« Ayons l'air d'avoir confiance en lui, et, à la première heure propice,
brûlons-lui la politesse et... la gueule, si nous le pouvons.

« Cette heure-là ne peut tarder.

« En l'attendant, je vais sonner le ralliement des amis et délivrer ce
brave Bossuges et cet intéressant Oreillard qui mangent encore les haricots
du Dépôt.

— Ce sera là un coup de maître, fit Stéphanie, car on m'a toujours affirmé qu'on ne s'évade ni du Dépôt ni de Mazas. Les prisons nouvelles sont de véritables coffre-forts où l'on nous serre précieusement comme des billets de banque.

— C'est vrai, dit le baron ; mais cependant on s'évade aujourd'hui comme autrefois.

— C'est encore vrai, repartit l'amorceuse d'un air rêveur. Et comment cela ?

— On s'évade en allant à l'instruction, reprit le baron, ou en changeant de prison.

— J'en connais des exemples, en effet.

— Le clou, la fausse clef fabriquée avec une cuiller, l'échelle de corde sont des moyens usés et bons pour les vieilles prisons de province, mais on a d'autres moyens tout aussi efficaces et beaucoup moins longs. Tu verras cela. Je vais prendre ma revanche.

— Et quand nos amis seront délivrés, que ferons-nous ? demanda Fanny.

— Alors, dit Cahusac, comme Napoléon à Fontainebleau, je rassemblerai ma garde et je lui ferai mes adieux. Puis, ma chère, nous partirons ensemble pour une autre patrie où nous n'ayons pas besoin de cacher notre bonheur.

— Bravo ! fit-elle. Vous êtes un grand homme !

CHAPITRE XXXVI

Le stratagème du baron.

Le soir même, Castelli revoyait Fanny et était mis au courant des projets du baron.

Celui-ci n'avait pas dit le plan qu'il méditait, mais pour le connaître, Castelli n'avait qu'à surveiller ses démarches, ce qu'il fit.

L'ajournement de l'interrogatoire de Bossuges et d'Arthur écartait toute probabilité de fuite dans le trajet du Dépôt au Palais et ne laissait d'autre éventualité à prévoir que celle du transfert de la Préfecture à Mazas ou à la Santé.

Castelli reconnut bientôt que le baron raisonnait dans ce sens.

— J'ai acheté deux chevaux, dit-il un jour à Fanny.

— Est-ce que nous allons courir la poste ? demanda celle-ci en riant.

— Non, ce n'est pas pour cela ; tu verras bientôt, répondit Cahusac.

Toutefois il n'entra à ce sujet dans aucune explication. Il n'avait dans la discrétion de sa confidente qu'une confiance limitée.

Castelli alla voir les chevaux ; c'étaient deux vigoureuses bêtes de trait.
Bientôt après le baron dit encore à Stéphanie :

— Tout est prêt pour ma revanche.

De crainte de l'effaroucher, l'amorceuse ne le questionna point.

— Vous ne partirez pas sans moi, au moins, lui dit-elle ; n'allez pas l'oublier.

Mais pour que Cahusac pût mettre à exécution ses projets, il fallait attendre que M. André eût terminé la campagne qu'il avait entreprise et que l'insuccès de celle-ci le déterminât à envoyer les deux bandits du Dépôt à une des grandes prisons de la ville.

Après avoir parcouru la contrée accidentée comprise entre Charenton et Issy, M. André rentra bredouille et le transfert fut décidé.

On connaît ces voitures cellulaires, dont les parois aveugles, l'aspect triste font se retourner les passants. Un cocher et un gardien en occupent le siége, un maigre cheval blanc est dans les brancards, un garde municipal l'escorte.

Entre huit et neuf heures du matin, une de ces voitures sortait de la Préfecture par la grande porte de la conciergerie, et passa sur la rive droite.

Elle emmenait, entre autres détenus, Bossuges et son ami Arthur.

Elle suivit les quais comme d'habitude, sans qu'aucun incident se produisît jusqu'au quai Saint-Paul.

Là, à la hauteur de la rue du Petit-Musc, endroit assez désert, elle fut tout à coup rencontrée par un chariot chargé de lourdes pierres et attelé de deux vigoureux chevaux.

Le charretier sortait de la rue dont nous avons parlé. Par une manœuvre d'une maladresse extrême, il vint heurter de ses grosses roues le véhicule de l'administration.

Le cheval de la voiture cellulaire s'abattit.

Au bruit du choc, aux cris, aux vociférations qui l'accompagnèrent, une douzaine d'individus de mauvaise mine, qui jusque-là s'étaient tenus derrière le mur du quai, accoururent.

Intervenant entre la police et le charretier, ils prirent aussitôt parti pour ce dernier.

Un d'eux piqua le cheval du garde ; l'animal se cabra, puis partit au galop affolé de douleur.

Un autre jeta à terre le cocher des prisons.

D'autres enfin, et le charretier à leur tête, s'empressèrent de secourir les voyageurs.

Les clefs du gardien, terrassé comme son compagnon, et assommé avant d'avoir pu crier, servirent promptement à délivrer les prisonniers.

Bossuges et l'Oreillard furent les premiers extraits de la boîte ambulante.

— Enfin ! s'écria le charretier, nous avons notre revanche, mes amis, vous êtes libres.

Mais comme il s'écriait ainsi, un homme s'approcha de lui, et répliqua :

— Pas encore, baron de Cahusac.

C'était Castelli.

Appliquant le canon de son révolver à la tempe du bandit, il lui fit sauter la cervelle.

En même temps, du renfort lui arrivait.

Quelques coups de casse-tête rapidement distribués changèrent en déroute complète l'attaque des bandits.

Bossuges et Arthur retombèrent aux mains de l'ennemi et furent ramenés au Dépôt de la préfecture.

Ce combat fut le dernier que livra la bande décimée des Assommeurs.

ÉPILOGUE.

Quelques jours après l'événement que nous venons de raconter, par un des derniers beaux jours dont parfois nous gratifie l'automne, un homme d'une quarantaine d'années et une jeune femme d'une remarquable beauté déjeunaient gaiement dans un restaurant de Saint-Ouen.

De la fenêtre de la salle à manger située au premier étage, la vue s'étendait sur l'île aux grands peupliers et les berges, jusqu'à cet endroit fameux où, par une nuit noire, Alfred Bernard avait jeté à l'eau le cadavre mutilé de sa maîtresse.

— A nos amours, Fanny ! dit Castelli en levant sa coupe de champagne.

L'amorceuse heurta doucement sa coupe à celle de l'agent.

— A nos amours ! répéta-t-elle.

Au même instant, quelques voix tumultueuses attirèrent leur attention.

— Qu'y a-t-il ? fit la jeune femme, courant à la fenêtre.

Puis, bientôt après :

— Oh ! viens donc voir, ajouta-t-elle, c'est singulier.

Castelli s'empressa à son appel.

Un rassemblement de badauds observait à quelques pas de distance un homme qui pâle, les traits amaigris, se dirigeait vers la rivière. Son allure tour à tour lente et rapide, son air hagard, étaient d'un insensé.

Il portait un paquet étrange : on voyait sortir des débris humains.

Deux hommes graves, de ses amis sans doute, le suivaient silencieux.

— C'est, dit Castelli, ce pauvre diable d'Alfred Bernard ; il est devenu fou. Ce que tu prends pour des débris humains, ce sont des plâtres.

« On l'a rendu à la liberté, et l'administration a la charité de lui donner deux gardiens pour veiller sur lui. Dans sa folie, il se croit sans cesse au moment où il alla jeter au fleuve les débris de sa pauvre Maria.

Pauvre homme !

FIN DE LA FEMME COUPÉE.

TABLE

www.ingramcontent.com/pod-product-compliance
Lightning Source LLC
Chambersburg PA
CBHW070411090426
42733CB00009B/1629